私は自分のパイを求めるだけであって
類を救いにきたわけじゃない

나는 내 파이를 구할 뿐
인류를 구하러 온 게 아니라고
김진아

**I'M HERE
TO TAKE MY PIECE OF
PIE BACK**
KIM JINA

キム・ジナ 著
すんみ、小山内園子 翻訳

祥伝社

私は自分のパイを求めるだけであって
人類を救いにきたわけじゃない

はじめに

「私がここまでポジティブで前向きになれるなんて！」

「一〇年後のことが気になってすごく楽しみだなんて！」

二〇年間インターネット上で「シニガール cynigirl」というＩＤを使っている人間にとっては画期的な変化である。私はと言えば「シニカルという言葉がヒトに生まれていたらこんな感じじゃないだろうか」と思える人間だった。誰よりもひねくれていて、ネガティブで、世の中への批判と非難を呼吸でもするみたいに繰り返していた。そんな人間が「一にも二にも努力である！」というような、成功した人の自叙伝に出てきそうな話を大真面目にするなんて。はっきり言って事件である。さらに驚くべきことは、このような事件が韓国女性のあいだで、程度の差はあれ同時多発的に起きているという事実だ。

こんなときはスマートフォンがありがたい。スマートフォンのおかげで、自分と同じような気づきを得た女性を発見できたのだから。その数がどれほど多いかをこの目で確かめることになったから。テレビでは報じられないニュースや証言を、リアルタイムで共有できたから。

つまり、これは私の物語であり、二〇一六年の江南(カンナム)駅殺人事件[*1]以降進んでいる韓国女性たちの集団覚醒についての記録だ。韓国史上初のフェミニズムの大衆化をめぐっては、大統領直属の政策企画委員会〔大統領の諮問機関。国の中長期的な政策方針を樹立、分野別の懸案の課題について政策立案する〕が報告書で「二十代女性の集団利己主義的感性」と無理やりケナしていたが、そうした反応もやはりいまの二十代女性がうまく組織化し、勢力を広げていることを、女性の覚醒が男性中心国家にとって脅威であることを、裏付けるだけだ。

心の中で渦巻いていた疑問のパズルのピースが埋まるほど、無関係に思えていた問題が一つにつながっていくほど、あることが明らかになっていく。生まれてこのかた自分はずっと「家父長制依存症」をわずらってきて、あいかわらず中毒状態だということ。いま私はリハビリの一環でこの文章を書いている。薬物やアルコールの依存症患者は回復のため治療やリハビリを受ける。私もやっぱり「依存性」「回避性」異性愛に毒されていた時間が長かったぶん、毒気を抜くためのリハビリを行なおうとしているのだ。

中毒から抜け出すのは容易なことではない。いっそ「私は中毒じゃない！」と否定するほうが早い。「この程度なら平気。うまくつきあえる！」的な開き直りの誘惑を振り切ることも難しい。だからこそ、自己憐憫（れんびん）、開き直りででっちあげた小さなお花畑に落ち着こうとせず、覚醒の道へと進む野望を持った女性たちを尊敬してしまう。猛烈に成長していく彼女たちを見ていると、嫉妬するどころか時に失敗し悪く言われてもいいから、私もしっかりがんばらなきゃと思えてくる。大人なんだから。先輩なんだから。その決心をこうして文字に残し、努力しつづければ、いつかは自分の言っ

訳註1　江南駅殺人事件　ソウルの江南駅付近にある雑居ビルの男女共用トイレで二十代の女性が見知らぬ男性に殺害された。事件後、犯人が警察の取り調べで「女性たちが自分を無視するからやった」と供述したことや、女性を殺害するために三〇分ほど待ち伏せていたことが知られると、これは「女性嫌悪による犯罪」だという声が相次いだ。事件直後にSNS上では被害者を追悼する動きが拡散した。事件現場から江南駅一〇番出口が最も近かったことから、フェイスブックでは「江南駅一〇番出口」という追悼ページが開設され、ツイッターでは女性嫌悪の問題を告発するアカウント「江南駅殺人事件公論化」が登場。また女性たちは殺されたのは（女性である）自分だったかもしれないという危機感を「#私は偶然生き残った」というハッシュタグを使って共有し合った。事件現場からいちばん近い江南駅一〇番出口には追悼の行列ができ、被害者を悼むメッセージや「女性だから殺された」などと嫌悪犯罪を批判する内容の付箋が一〇番出口の壁一面にびっしりと貼られた。この追悼運動はすぐに全国へと広まり、韓国社会における女性嫌悪の問題に多くの人の目を向けさせた。その後、韓国ではフェミニズムに興味を持つ女性が増え、二〇一九年の韓国女性政策研究院の調査によると、二十代の女性の四八・九パーセントが自分をフェミニストだと思っているという。江南駅殺人事件についてのさらに詳しい内容は『韓国フェミニズムと私たち』（タバブックス）に掲載された木下美絵氏のコラム「江南駅付近女性殺人事件」をご覧いただきたい

たことと行動が一致する日が来るはず。女の人生は、四十からでしょ。遅すぎることなんてないって！

政治的に正しく、すべてのマイノリティと表現の自由を支持しつつ、男女の性別を超えて公正な判断を下す「イケてる私」に酔っていた時期がある。MTV、オンスタイル〔二十代、三十代女性に人気のあるケーブルチャンネル。ファッションやビューティ系の番組が多い〕、ネットフリックスを立て続けに観てアメリカンポップカルチャーを吸収しながら育った人こそ陥りやすい白人中産階級のリベラルファンタジーだ。「脱婚」やキャリア断絶に近い経験によって経済的危機に直面し、女性としての自分を切実に認識していなかったら、私はいまも「イケてる私」に夢中だったかもしれない。

フェミニストを名乗りながらそんな世迷いごとを本にしなくてよかったとホッとしている。かわりに過去の過ち（あやま）を正直に打ち明け、反省する大人の姿を見せたい。穏健に、でも熾烈（しれつ）に生きてはきたが、だからといって自分の選んできた道が正当化されはしないのだと言っておきたい。

成功した女性のメンターも、若い世代の女性へのアドバイスとなると慎重になる。こう言ってもああ言っても叩（たた）かれるからだ。なのでよく言われるのが「人の話は聞かなくていい。自分のしたいようにしなさい」。

少し無責任だと思う。伝えるべきことは伝えなくては。したいようにするのはいいけれど、その前に自分で望んでいるものか疑ってみよう、「イケてる私」プレーにハマるうちに結局は男にとって都合のいいことをしてるんじゃないかと考えてみろ、と。大きな力には大きな責任が伴うように、大きな野望には大きな努力が伴うとも付け加えておきたい。努力で満たされない空っぽの野望は、むしろ毒になる。

二〇一八年に忠清南道（チュンチョンナムド）知事の性的暴行を告発したキム・ジウン前秘書官、二〇一八年に検察内のセクハラ、パワハラを告発した徐志賢（ソジヒョン）検事、二〇一八年にコーチからの暴行を告発したショートトラックのシム・ソッキ選手、デジタル性犯罪根絶のための団体を設立したパク・スヨン代表、二〇一八年に芸能人の性接待疑惑、盗撮などのスキャンダルを報道したカン・ギョンユン記者……教育と情報と野望と勇気を備えた女性が、すでに韓国の今日を変えつつある。一〇年後、韓国はもっと変わることができる。あなたと私が変わることを選択すれば。私は、これまでのどんなときより前向きだ。

二〇一九年三月　漢南洞（ハンナムドン）にて　キム・ジナ

目次

外に飛び出した「自分ひとりの部屋」

広告コピーライターとして働きつつ、パブに続いてカフェをオープンした。がんばって準備したからか運にも恵まれ、SNSの口コミや雑誌での紹介などで知られつつある。「代表」という肩書の名刺をかなり若いときから持っていたため、私は「成功した女」と見られることが多い。成功した男ほどスケールが大きかったり物質的な富が伴ったりというわけではないが、そもそも女が独立して何かするのが難しい国だから、こんな小さな「成就」も「成功」とされるのだ。最近ではマスコミが、仕事を辞め独立系書店のような小さな空間をオープンさせることをオルタナティブな生き方みたいに取り上げるから、「成功」者の私に経験談を聞かせてほしいというインタビューの依頼がくることがある。

「独立を夢見る二十代、三十代女性に必要な話を聞かせてください」

そう言われるたびに悩んでしまう。ここでいう「必要な話」とは、たいていが「みんなが聞きたがる話」という意味だから。広告の仕事をしていた人間として、ウケることが「イイ話」の必須条件になるのもわからなくはない。先に言っておくと、私がいまからする話は二十代、三十代の女性にとってあまり聞きたくないものになるだろう。わざわざそんな話をしようとするのは、自分がもっと若かったときや会社勤めに明け暮れていたときに誰かがこんな話をしてくれたらよかったのに、という苦い気持ちがあるからだ。妊娠、出産の話をはじめとして、女性にとって本当に必要な情報はふるいにかけられ、遮断され、美化される。経済的、社会的な自立を夢見る若い女性がライフステージごとに出会う現実も、また同様である。

ウルフソーシャルクラブ（Woolf Social Club）。私が運営しているカフェの名前だ。コーヒーやパイの豊かな香りとジャズに満たされた空間。はたから見れば優雅としかいえないこのカフェをオープンする前にも後にも、私はどれほど大きな無力感に襲われ、追い詰められていたか。そのすべてを語ったら周りの人間さえも驚くだろう。キャリア人生を通して作り上げてきたイメージもあって、自分の苦労を口に出せずに悶々（もんもん）としていた。第一、自分の直面している状況を自分で受け入れられなかった。何よりも仕事を大事にし、うまくこなしてきた私に、まさか仕事がこなくなる日がくるとは。

数年前に同業者とパブをオープンしたときだって、それがキャリアの断絶につながるとは予想だにしなかった。CMプロダクションの共同代表だったし、会社が行なったキャンペーンが大韓民国広告大賞の「大賞」を受賞してもいた。広告制作で得た経験とノウハウを生かして新たなことをしてみようかな、お小遣い稼ぎにもなるし、という軽いノリで始めた小さな店は、それまでとはまったく別世界だった。「ビギナーズラック」(beginner's luck)というものは本当にあるらしい。梨泰院(イテウォン)の経理団(キョンニダンキル)通りの路地に入ったところの二階にお店をオープンすると、さっそく客がどっと押しかけてきた。韓国でまだ本格的な不況が始まっておらず、不況による開業が爆発的に増える前の二〇一三年の夏だった。人手不足で毎日深夜までテーブルのあいだを駆けずり回らなければいけなかったが、ちっとも苦ではなかった。十数年間、他人が作ったブランドの代理人として仕事をしてきた私は、はじめて手に入れた自分のブランドにすっかり夢中になってしまった。

三年という時間が瞬(またた)く間に過ぎて行った。店に集中しているあいだ、自然と本業はおろそかになった。何より業界での人脈を維持する努力を怠った。そのうちにテレビからYouTubeへ、オールドメディアからニューメディアへと世界の重心は完全に移っていった。企業は我先にと広告予算を削り、業界全体が仕事不足にあえいでいた。とりたてて人脈を管理したり営業をしたりしなくても次々と入っていた仕事がだんだん少なくなった。フリーランスに転向していた私は、急な変化にとまどうばかりだった。「仕事がデキるって定評はあるんだし、時間が経てば風向きが変わるはず」と自分をなだめていたが、状況は変わらなかった。

同時に、私の小さな店はジェントリフィケーション〔低所得者層の居住区域で再開発が進んだ結果、地価が値上がりしてもともとの居住者が転居を余儀なくされる現象〕の強風をまともに受けた。閑散としていた経理団通りにパブをオープンし、よそ者やメディアを引き込んでいた私も、ジェントリフィケーションの一端を担ってしまったと言うべきだろう。古い住宅街が急速に商店街へと姿を変え、賃料はもっと速いスピードで跳ね上がった。街は有名になったが、私の好きだった街並みは消え、競争ばかりが苛烈になった。ソウルでの自営業は結局のところ家主と不動産業者ばかりが儲かるゲームなのだと、体力もキャリアも失ってようやく思い知った。安定した収入が必要になり、私は再就職を試みた。会社を辞めるときは二度と戻るもんかと決心していたけれど、背に腹は代えられない。あちこち電話をかけて履歴書を送った。反応はどこも似たり寄ったりだった。

「キャリアが長すぎますね」

その三年で年齢は三十代から四十代に変わっていた。年次も年俸も、会社には「重い」存在になってしまったわけだ。いくら優秀で輝かしいキャリアがあっても、誰の派閥でもない私みたいな女性をチームリーダーのポジションに就かせてくれるところはなかった。組織の中で必死に働いていた女性だって、四十代になると追いやられるのが男性中心の企業構造である。組織という最低限のセーフティネットさえないフリーランスは言うに及ばず。男性の全盛期は四十代から始まるのに対し、女性は四十代になると「旬が過ぎた」[*1]というレッテルを貼られるか、そもそも人の口に上ることもない。ソン・ウニのように才能あふれる女性でさえ、既存の放送局ではチャンスを得られず、ひとりメディアを作って仕事を続けているというエピソードは、そういう現実を端的に示している。

キャリア断絶への脅威は、獲物を狙うハイエナのごとくいつも女性の周りにある。妊娠や出産をしたり、あるコミュニティから外に追いやられたり、ただ年を取ったりして、ほんの少しコネクションが弱くなったとたん、容赦なく女性に襲いかかってくるのだ。当事者になるまで、私は大丈夫だろうと油断し、あるいは自分を買い被りすぎていただけ。私は仕事によっていろんなことを解決してきた。仕事で人に出会い、関係を作り、能力を認められ、社会的発言をする権利を手に入れた。仕事は経済的な自立をさせてくれるだけでなく、私を自分らしく存在させてくれた。そんな仕事がなくなるということはつまり、自分がなくなるということを意味した。

最初はひどく落ち込んだ。自分の力不足で失敗したという自責の念、指先ひとつ動かすことさえできない無力感、未来への暗い予感からくる自殺衝動まで。何かをやりたいという気持ちを取り戻すまでに一年以上時間がかかった。生まれてはじめて精神科のカウンセリングを受け、薬の力も借りた。だが、一番助けになったのは周りにいる女たちだった。つらいと弱音を吐けない私が死ぬ気で助けを求めたとき、サッと抱きしめ話を聞いてくれた彼女たちがいなかったら、いま自分はどうなっていただろ

訳註1　ソン・ウニ　韓国の女性コメディアン。お笑い番組だけでなく、歌手、ＤＪとして幅広く活躍。バラエティー番組で女性として活躍できる場が少なくなると、コンテンツ制作会社を設立。登美丘（とみおか）高校ダンス部の「扇舞（ジュリアナ）」をモチーフにしたプロジェクトチーム「セレブファイブ」など、自ら手掛けたコンテンツを立て続けに成功させ、女性たちの憧れの存在となっている

う。あまり想像したくない。

徐々に負けん気が頭をもたげてきた。自分を安売りして小さな会社に入り広告の仕事を続けることもできたが、それは嫌だった。同期だった男たちはもうすぐ幹部になったり教授として招聘されたりする頃なのに、私には四十を過ぎるなり半透明人間になれと？　あまりにも不公平じゃないか。世の中の仕組みに背を押されるまま、だまって影法師になりたくはない。性的な対象と見られたかと思えば見くびられることの繰り返しで二十代、三十代をさんざん消費され、四十代になると途端に視界から消える女たち。職場はもちろんのこと、広告やドラマでもなかなか見かけなくなる。妻や母といった家父長制に都合のいい役割以外は取り上げられない。特に、家父長制から免れた女が幸せに生きていく姿は、「読書する女性アイドル」と同じくらい体制を脅かすため、「検閲」の対象とされる。

「これ見よがしに生き残ってやる！」

自ら退場することを望む世間を相手に、私は抗っていくことにした。自分にできる得意な方法で自己アピールしていこう。アイツらの目の前をずっとチョロチョロして騒ぎ立ててやろう。消されるのを拒む私の闘いと生存そのものをコンセプトにするんだ。これは私個人の話であり、女性の普遍的な話でもあるんだから。

こうして二つ目の空間を作ることになった。今度は共同経営ではなく、自分だけの店だった。店の名はヴァージニア・ウルフ[*2]からとった。ウルフの『自分ひとりの部屋』が出版されて九〇年が過ぎたいまもなお、年収五〇〇ポンドと自分ひとりの部屋を手に入れようとする女たちの闘いは続いている。私たちはそれらを十分には手に入れられていないし、かろうじて手にしたとしても、また奪い返される危険に備えなければならない。世界的に二極化が進み、不景気で性差別が顕著になるほど、利権をめぐる女同士の争いもより苛烈にならざるをえない。

そんな「傾いた世界」で人生のステップごとに闘い続けるための力を得られる場所が、女には必要だ。贅沢な気分をあじわいながら、新たな可能性に思いをめぐらすための力を手に入れられる場所。安心できる雰囲気のなか、声高く人生について語り合える場所ならますますいい。孤独でも孤立したくない個人たちが集まる「ウルフソー

訳註2 **ヴァージニア・ウルフ**　１８８２－１９４１。小説家、評論家。イギリスを代表するモダニズム作家のひとり。「女性が小説を書こうと思うなら、お金と自分ひとりの部屋を持たねばならない」という主張で知られるエッセイ『自分ひとりの部屋』（邦訳 片山亜紀、平凡社）が韓国フェミニストたちから熱い支持を受けている。代表作に『ダロウェイ夫人』『灯台へ』など

シャルクラブ」は、家の外にある「自分ひとりの部屋」なのだ。

普段は自分ひとりの時間を過ごすために来るお客さんが多いが、ときどきさまざまな分野のフリーランスの女性が集まってネットワーク作りをしたり、#ＭｅＴｏｏデモの打ち上げをしたり、「〈非婚〉者のすみかは家となりうるか」をテーマに討論が行なわれたりもする。どんなイシューを取り上げようが、マイクを持つのは女の役目だ。ＴＥＤ[*3]や自己啓発の講義みたいに弁舌爽やかでなくても、互いの存在を見せ合い、互いを発見できるだけで十分エンパワーメントになる。別れ際にしっかり握手を交わすような視線を送り合っているのを見ればわかる。

「家父長制を拒む女の完全な独立はありえるのか？　それも、尊厳を保ったかたちで」

ウルフソーシャルクラブは、その実験と闘いの場だ。ここでは私も、あなたも、ひとりではない。

訳註3　**ＴＥＤ**　アメリカの非営利団体。元アメリカ大統領ビル・クリントンやノーベル平和賞を受賞したアル・ゴアなどの世界的著名人の講演会を開催、スピーチ映像を配信する

野望は女を生かすのだ

ソウルで大学や会社に通っている大邱（テグ）[*1]出身の男性に会うことは多い。さすが大統領から政治家、学者、実業家などさまざまな分野で影響力を持つ人物を輩出した権力の都市[*2]だ。だが大邱出身の女性はめったにいない。よほどのことがないかぎり、娘をソウルに遊学させないからだ。いくら説明してもソウルの友人には理解できないだろう。保守的、家父長的な大邱で私と姉がどれほどレアケースか、どれほど運に恵まれていたか。「私の人生で一番のラッキーは教育熱心な親に恵まれたことだ！」私は口癖のようにそう言っている。

訳註1　**大邱（テグ）**　韓国東南部の内陸にある広域市。人口はソウル、釜山（プサン）、仁川（インチョン）に続き四番目に多い。慶尚北道（キョンサンプクト）とともに最も保守色の強い地域として知られる

訳注2　現職を含む一二人の大統領のうち、朴正熙（パクチョンヒ）・全斗煥（チョンドゥファン）・盧泰愚（ノテウ）・朴槿恵（パククネ）の四人が大邱出身

父は高校の教員だった。母も二番目の私を産むまで高校教師をやっていた。母方の祖父もまた奨学士〔教区の指導・調査・監督事務を司る教育公務員〕まで務めた教育者だったし、父方の祖母は住み込みの家庭教師を雇うほど長男である父の教育に情熱を注いでいた。教育熱心でないのがおかしい環境だった。家に男の子がいないことをのぞけば。

私立の男子校に勤めていた父は、赤いスカーフをなびかせてバイクを乗り回すおしゃれな人だった。学校では進学・入試担当で、成績のいい生徒をいわゆるSKY（スカイ）〔ソウルにある三大名門大学の通称。ソウル大学、高麗（コリョ）大学、延世（ヨンセ）大学の英語の頭文字からとられている〕へ送り込むことも、父に課せられた責任の一つだった。偏差値の高い学区ではない父の学校は、生徒のほとんどが貧しかった。だが、大学の看板一つで社会のハシゴをよじ登れる時代だった。父は貧しいが頭のいい男の子たちを「鳶（とんび）が生んだ鷹」にすることに自分の青春を使い果たした。若くてカッコよくて教え方も情熱的だった父は生徒から人気があった。おかげで春休みや夏休みのたびに、狭いわが家はソウルから帰省した未来の医者、法律家、韓方医でにぎわった。

元生徒たちが遊びにきたときの父の姿をはっきり覚えている。まだ小学校にも入っていない姉と私を座らせて、このお兄ちゃんはソウル大のなんとか科に入り、あのお兄ちゃんは延世大のなんとか科に入ったと一人ずつもれなく紹介してくれた。当時、塾にも行かず家庭教師も頼まずに大学生になった十八歳たちは大人っぽかった。父は若い教え子を一人の大人として扱っていた。あのときの父の表情や言葉遣いから滲(にじ)み出る誇らしさや愛情を、私は見逃さなかった。「成功したければ、まずソウルのいい学校に入らなきゃならないんだ」五歳にもならないうちに気づかされた人生最初の教訓だった。

大邱で暮らしていて、子どもが娘だけの家はわが家の他にあまり見たことがない。娘の多い家でも末っ子はたいてい息子だった。娘二人しかいない父は周りから「娘娘(タルタル)パパ」と呼ばれていた。子どもながらに耳触りのいい言葉ではないと思った。「近所のアホにいちゃん」みたいな、何か欠けた人間をからかっているニュアンスが感じられたのだ。両親も最初から娘だけでいいと決めていたわけではなかった。長女が生まれてから三年して私を身ごもったとき、母の妊娠中の症状やお腹の形なんかから「今度は男だ!」と誰もが確信したという。当の母は仕事、育児、家事労働と格闘していて、性別の判定をしてもらう間もなく出産となった。

問題が起こったのは、病院に着いてからだった。そのときまでRhプラスだと言われていた母の血液型が、検査の結果Ｒｈマイナスだとわかったのだ。釜山の聖母（ソンモ）病院は大騒ぎになった。Ｒｈマイナスの妊婦が一人目でＲｈプラスの子を産むことは可能だが、二番目にまたＲｈプラスの子を出産するのはきわめて危険だからだ。生物の時間でも習ったことのある新生児溶血性疾患だった。Ｒｈマイナスの血液が大量に必要とされる緊急事態。病院でも事前に準備ができておらず、家族は慌てて放送局「釜山ＭＢＣ」へ連絡、ニュースの途中に至急血液が必要という速報を出してもらったりもした。Ｒｈマイナスの中でもO型は珍しい。母の両親やきょうだいも血液型をもう一度検査した結果、末の叔父がＲｈマイナスのO型であることがわかった。高校一年生になったばかりの小柄な叔父の血を輸血して、妊婦も子どもも事なきを得た。

そんなふうに大騒ぎして生まれた赤ん坊は、誰もが確信していたのとは違い息子ではなかった。そのときの家の空気がどんなものだったかは容易に想像できる。「男児選好」思想〔家を継げる男児が大事であるという思想。家父長制の維持や女性差別の要因とされる〕が最も根深い慶尚道（キョンサンド）ではないか。父の実家にはじめて行ったとき、祖母は私を一度チラリと見ただけでオンドルの焚（た）き口のほうへ押しやったという。跡継ぎになる孫がいないのに、長男の嫁が「これ以上出産するのは難しくなった」という事実に胸を痛めたのだろう。

それに比べ、両親は早いうちに息子のいない未来を受け入れたようだった。迷う余地のない明確な医学的状況のおかげだったかもしれない。こうして「娘と息子を区別せず、二人だけ産んでしっかり育てよう！」という七〇、八〇年代の産児制限のスローガン通り、だが大邱ではめったに見かけない組み合わせの四人家族になった。母と父がそれぞれその現実をどう受け止めていたのか、本当のところはわからない。ひょっとしたら私が思っている以上にくやしかったり、後ろめたさを感じていたりしたかもしれない。だが、娘たちにはそんな素振りをみせなかった。「家に息子がいたら」「あんたが息子だったら」という言葉を何気なく聞かされた記憶も、よくある「女の子なんだからおとなしく」「かわいい娘になっていいところにお嫁にいかなきゃ」みたいなことを言われたこともなかった。両親にとって姉と私は娘ではなく、ただの子どもだった。

姉と私は父の自慢の教え子たちをロールモデルにしていた。父もまた、二人の娘が教え子たちのようにソウルへ出ていくことを期待していた。母は母で、ワンオペ育児のために教師のキャリアを断絶されるという自分の来た道を娘たちには歩ませたくないと願っていた。「結婚しなくてもいい。能力を身につけなさい」母は皿洗いさえさせなかった。学校に入った私は、絵がうまいというだけで目立って勉強ができる生徒ではなかった。家が裕福なわけでもなかった。だが自信だけはあふれていた。「私はソウルに行って成功する！　留学もする！」実現しそうもない野望を理解したり、共感したりしてくれる友人はいなかった。小さな町、小さな学校の女の子たちは大邱を離れようと思うことすらなかった。

「なんで娘をソウルへ送るの！」

この一文に省略されているのは、「息子でもないのに」という言葉だ。当時大邱に暮らしていた親のほとんどは、そんなふうに考えていた。いまでもさして違わないと思う。高校二年になり、本気でソウルへ進学したいという意向を明かしたときの担任の反応もこれと似ていた。私より優秀な子でも大邱の国立大学や教育大学あたりを目指していたから当然の反応だと思う。だからといってひるんだりあきらめたりする私ではなかった。その頃すでに姉はソウルの名門大進学に成功していた。「お前もできる！」両親は私を心底信じて最後まで支えてくれた。

ここ数年ネットには男きょうだいとのあいだで受けた差別の経験談があふれているが、私はそれを読んで、自分が娘としてどれほど特殊な経験をしていたかにようやく気づかされた。これほど多くの韓国女性がいろんなものを兄に奪われ、弟に譲ることで、成長過程のうちに無気力とあきらめを内面化しているってこと？　社会に出る前に、最も近しい家族から、こんなに打ちのめされるってこと？　経済力、学力、地域と無関係に？　ＳＮＳの利点の一つは、これまで切り離され、声なきものとされてきた女性、マイノリティ、弱者の声を繋いでくれることだ。「安全な国」と言われる韓国が、女にとってまったく安全でないとはじめて知ったアメリカ人男性みたいに啞然とした。同時に、昔からの疑問の一つが解けもした。

「私はなんでこんなに女らしくないんだろう？」

とりわけ大きな野望を抱いていた私は、「誰かの女」より「誰か」になりたかった。周りの女友だちからは共感を得にくく、共感されなかった経験が自分の中の女性嫌悪を増幅させた。男たちとの恋愛もギクシャクさせたこのわずらわしい欲求は、最終的には自己嫌悪へとつながっていった。野望を持って上を目指したがるのは女らしくないことで、そういう女は男に好かれない。ゆえに私は女としての魅力のない女だった。その考えはどんどんエスカレートしていき、「私は精神的に男じゃないか」という疑問まで抱くようになった。

でも私は女らしくないわけでも、精神的に男なわけでもなかった。単に野望が大きく、そのぶん私の中の女性嫌悪が強かっただけ。韓国で男きょうだいのいる家庭の女子があじわう日常的な差別を経験していなかったから。家庭内の性差別で韓国女性が学習しやすい無気力やあきらめを理解できなかったから。その結果、私は両親の応援を受けてハデな万能感を抱く男の子と変わらない状況に陥っていたのだ。だが私が男なら、私の野望はけたはずれなものだったろうか？　中産階級の両親の期待と支援を受けた男の子が持ちがちな、一般的なレベルではなかったろうか？　この程度の野望を抱いていたからといって友だちを嫌悪したり、自己嫌悪に陥ったりすることもなかったろう。またいうまでもなく、いまよりもっと早く、もっと高いポジションにつけたはずだ。

野望を抱くのは男の子だけ。女の子は野望を持ち、それを表に出すようには育てられない。優しくて無害でなければならない。でなければ愛されないと教えられる。だがそれは家父長制をうまく回すために必要とされる女性性にすぎない。私たちが使っている「女性性」という言葉は、大体そんな意味合いを持つ確率が高い。いいかえれば、野望が大きいことと女性らしくないことには何の関係もない。むしろ、傾いた世界で孤軍奮闘している女性たちにはますます必要だ。抜きん出た才能も財力もない私がソウルに来ていろんなことを始められたのも、「脱婚」を決心できたのも、みんな野望のおかげ。平凡な女を、野望がここまで導いてくれたのだ。

私は自分のパイを求めるだけであって人類を救いにきたわけじゃない！

私は車の運転歴が長い。負けず嫌いの性格のうえ、道路がいつも路線バスやらタクシーやらで混んでいるから運転は荒いほうだ。昔から「キム女史」〔女性は運転が下手だとして女性ドライバーを見下すスラング〕とか「釜蓋運転」〔「女は家でごはんでも作ってろ」という意味が込められた女性ドライバーへの悪態〕とか、女性ドライバーへの嫌がらせはまるで「国民的スポーツ」のように行なわれている。「同じ女でも私は違う！」と見せつけるため、わざと余計荒っぽくしていたところもある。運転中の言い争いはあたりまえ。相手が悪態をついたら、こっちもウィンドウを下げて中指を立ててやる。だが私の攻撃性を最大限に引き出す人間は別にいる。バスの運転手でもタクシードライバーでもない、まさに私と同じ女性ドライバーだ。急停車したり図々しく割り込んできたりするとき、それが男ではなく女なら怒りはさらに増幅する。悪態のレベルも上がる。脊髄反射でそうしているとはじめて認識したとき、全身に鳥肌が立った。

「女のほうがもっとムカつくなんて！」

フェミニズムに目覚めた女性が経験するショックの一つが、自分の中の女性嫌悪がどれほど大きくてねばり強くてしつこいかに気づかされることである。さらに怖いのはそういうプロセスが一、二年では終わらないこと。むしろ時間が経つほどに、フェミニズムを学ぶほどに、「食欲、睡眠欲に続く人間の三大本能じゃないか」と思えてくるくらい女性嫌悪の根は深い。普段はシスターフッドを叫んで女性を気づかっているけれど、運転中のように人間の攻撃性が表われやすい状況になると、相変わらずとっさに女性嫌悪が飛び出す。女は女にもナメられる弱い存在だから。

何か問題が起きたとき、相手が女ならより大きい非難にさらされるのは芸能人に限った話ではない。カフェを運営する身からしてもそれは恐怖として働く。私だっていつでもターゲットになりうるからだ。ＳＮＳ時代に店のアカウント管理は必須。担当スタッフを別に雇う余力のない小さな店は、社長自ら管理するケースが多い。社長の専門性、誠実さ、センスなんかが店への好感につながるのはもちろんだ。「ここに私がいますよ！」と積極的にアピールすること。資本と規模と匿名化が強みの大手のフランチャイズに立ち向かうには、不可欠で素晴らしい武器である。

消費者としても業界人としても、小さな店の社長のSNSには目を凝らしている。お知らせ、新メニュー、スタッフ募集など店に関する情報だけでなく、日常的な話、いろんな話題への意見などがさまざまにアップされる。しょっちゅうお店に行けるわけではないが、その空間にも社長にも親近感が湧いてくる。たまにその一日で大変だったこと、傷ついたことが書かれることもある。飲食店は製造業であると同時にサービス業でもある。技術と真心と時間を尽くして商品を作るだけでなく、人を相手にするのも仕事のうちだ。時には摩擦も生じうる。

先日、手の込んだ料理で人気を集めている某カフェの社長が悔しさをにじませたことがあった。複数のメニューの注文が入ったとき、社長はお客さんに一つずつベストな状態であじわってもらいたいと時間差でサーブするという。ところが当のお客さんは写真を撮ろうと最後の一品が出るまで食べずに待っていて、そうしているあいだに全部とけたり冷めたりするのを見るのが残念だという内容だった。読んですぐ頭の中の黄信号が灯った。最近は撮影の自由イコール表現の自由なんだけど……。案の定、「料理の写真を撮るのが好きな人間として不愉快」「自分の金で自分の思った通りに食べることもできないのか」などなど怒りの声が相次いだ。「客のテーブルマナーをケナしている」という意見が共感を集め、似たような批判のコメントが殺到した。その晩、カフェの名前はSNSのトレンド入りまで果たしていた。社長が受けたであろうショックが私にもそっくりそのまま伝わってきた。事件の余波で週末は閉店するという告知がアップされたときは腹が立った。こんなことになるほどの書き込みだったのか？　他のカフェの男社長だって似たような問題で騒がれたことがあるが、今回とは比べものにならないレベルの反応でしかなかった。

「社長が男だったら？」

少なくともトレンド入りはしなかったろう。言葉遣いが優しくないだのという指摘も少なかったはずだ。単なる「料理の作り手」ではなく、こだわりの専門家と理解されたかもしれない。男性に向けられない攻撃性が、女性には簡単に表出される。自分が権力を手にしているときはますますそうだ。それが消費者としての一過性の権力だとしても。マンガ家として活動する女性の後輩もフェイクニュースのせいで誤解され、ネットいじめにあったことがある。特に彼女をよく理解し、作品を読んでくれていた女性コミュニティ内での攻撃が、いっそう執拗(しつよう)なものになったという。そのときの後遺症が大きすぎて、後輩は以降、作品や発言から政治色を排除してより自己検閲を徹底するようになった。

女たちは経験を通じて知っている。女に最も厳しい物差しをあてるのは女だという事実を。二〇一五年のフェミニズムの大衆化以降、女性を対象にして活動を始めた女性クリエーターや事業家も、やはりそれから自由ではない。韓国特有の「圧縮成長」〔一九六〇年以降の超高度経済成長のこと。短期間で成長を遂げるために経済成長一辺倒の政策がとられ、さまざまな弊害がもたらされた〕はフェミニズムも例外ではなく、議論が速いテンポで進められる。ＳＮＳでの拡散によって議題が更新されるスピードも速い。その流れの中で、女性クリエーターや事業家は、社会の構造に限界を感じる一方で、社会からは完璧なモラルを要求されるという二重の苦しみを負う。名前が公表されているし、自分のイメージを損ないかねないために何も言うことができず、内心悶々としているケースが多い。

私もお店を運営しながら「スタッフとトラブルになったりしないだろうか？」「不満を抱えたまま仕事を辞めて公にされたりしないだろうか」「こういう問題にはどんなスタンスをとるのが倫理的に正しいことになるんだろう」と絶え間なく自己点検している。が、そこにかかるエネルギーはかなりのものだ。相手の女性がいつなんどき私に背を向けることもできるという恐怖は想像以上に大きい。野心を抱き、先頭を走る女たちも萎縮するしかない。

女のほうがお人好しでモラルが高い、と言えるのだろうか？　違うと思う。もしそう感じるなら、それは女が社会的にも、身体的にも、弱い存在として権力により順応してきたからだ。女だっていくらでも不徳になれる。男と同じくらい、あるいは男よりも残虐になれる。何よりフェミニズムは平和主義でもなければ、モラルのための闘争でもない。男たちに奪われてきた女の分のパイを取り戻すための闘争なのだ。一言でいえば利権をかけた闘争だ。まずそのことに合意がなければならない。いい気分になりたくて、癒されたくて、もっと素敵な自分になるために、もっといい男をゲットするためにあるのがフェミニズムではないということ。自己啓発ではなく政治の領域なのだということ。フェミニズムは、男性中心社会や家父長制に抗う生存をかけた闘争であり、解放運動だ。その基本的な合意ができれば、女たちは多くのことから自由になれる。体を締め付けるブラジャーを脱ぎ捨てるみたいに、社会が押し付けてくる道徳から脱することができる。私は自分のパイを求めるだけであって人類を救いにきたわけじゃない！

闘争への道が花道であるわけがない。だが、「パイのための闘い」だと理解したら、女同士で対立し、葛藤（かっとう）する際にも新たな局面が訪れるのではないだろうか？　どうせ争うなら「誰々のどっちがより道徳的に正しいか」を判断するかわりに「このことが女のパイを取り戻すのに役に立つか」を判断する方向にシフトしていきたい。「こっちを不愉快にする物言い」よりも「パイを放り投げてしまう行動」を指摘し、改善する方向に。

　そうなれば、女同士の信頼関係だってもっと堅いものになりうる。自分の隣にいる女性をモラルの検閲官ではなく、パイのためともに闘う同志だと想像してみよう（女に与えられたパイはもともと小さすぎるので、それを奪いあうのは最悪な行為だ）。自分が追いこまれたとき味方になってくれるのも同志だが、空振りするのを止めてくれるのも同志である。誰かがつまらないことを言ったら、私もやっぱり苦言を呈するだろう。だからといって互いの存在に怯（おび）えることはない。気持ちより重要なものはパイ、そう知っているから。

退職は私の選択だったのか？

二〇一〇年の四月、辞表を出した。サラリーマン生活一〇年目のことだ。それ以前にも何度か転職はしていたが、単にこちらの広告代理店からあちらの広告代理店へと移るレベルで、だからそのときがいってみれば「大手を自ら蹴った」決定的な瞬間だった。

それから九年。いまの私の職業はフリーランスのコピーライターであり、スモールビジネスのオーナーだ。大企業という城の外に出た途端、オズの魔法使いのドロシーみたいに竜巻に巻き込まれてわけもわからず飛ばされ、たどりついた先がいまのこの場所なのだ。そういう渦中でもずっと頭から離れなかった疑問がある。元の場所が遠くなればなるほど、ますますしつこくつきまとってくる問い。

「あのとき会社を辞めていなかったら、どうなっていただろう？」

だが、最近になって問いは少し変わってきた。

「あのとき会社を辞めたことは、私の選択だったのだろうか？」

辞表を出したのは私自身だが、ひょっとしたら辞表を出させられたのではないだろうか？　この疑問が当たっていれば、世間から見られていた私、自分でもある程度信じこんでいた私、つまり「自立していてアグレッシブな女性」という立ち位置が揺さぶられることになる。ってことは、自分でやっていく、とクールに辞表を叩きつけたカッコいいキャリアウーマンではなかったってこと？　当時の退職が自分の意志による選択でなかったと認めるのはつらかった。それに正面から向き合ってまともに話せるようになるまで、九年もの時間がかかった。

辞表を出す二年前。私は、年次より早くクリエイティブ・ディレクターに抜擢された。広告代理店でクリエイティブ・ディレクター、チームリーダーになるにはだいたい一〇年以上の経歴が必要である。誰もがチャンスに恵まれるわけでもない。八年目でチームリーダーなんて! そんな破格の人事異動が行なわれるほど私の実力がずばぬけていたならよかったが、そういう理由ばかりではなかった。

直前に私が所属していたチームのリーダーは女性だった。未婚で仕事に貪欲(どんよく)な人だった。広告代理店はもともと社内競争が激しく、そのうえ重要なクライアントからの重要なプロジェクトを任されたければ、業務遂行能力以外に政治力も不可欠だ。そんな仕事を何度かやり遂げると、社内ではもちろん社外でも能力を認められるようになる。自然と発言力と影響力も大きくなる。ロケで海外を飛び回り、著名なＣＭ監督からちやほやされる環境は人を思い上がらせる。「自分はキープレイヤー」という傲慢さが、彼女に誤った判断をさせてしまった。

それまでチームリーダーを配下に置き、手足のように使っていた本部長にはおもしろくなかったのだろう。育ててやったと思ったら、ちょっと実力がついたぐらいで言うことを聞かなくなってしまったのだから。ある日、本部長は私を自分のオフィスに呼んでチームを分けてやろうと言った。チーム員も用意すると。私にチームを任せるということは、既存のチームリーダーから実務を任されていた戦力を引き抜くことであり、それはチームリーダーの翼をもぎ取ることを意味した。組織はそんなふうに人事を通じてメッセージを伝える。

私としては拒む理由がなかった。チームリーダーの彼女を排除するために利用されていることはわかっていたが、私だって本部長と組織を利用するつもりだから問題なかった。自分もチームリーダーと同じように排除の対象になりうるとは思いもしなかった。そのとき大事だったのは誰よりも早く「クリエイティブ・ディレクター」になったという事実だった。肩書の前に「ジュニア」がつくのが残念ではあったが、それだってそのうち取っ払ってしまう自信があった。一方、チーム員を奪われ、重要プロジェクトからも締め出されたチームリーダーは、長くは持ちこたえられず、しばらくすると会社を辞めた。もちろん彼女も自分の手で辞表を提出した。

ポジションが変わってから、私はひたすら仕事に没頭した。運よく最初に任されたコンペに勝つと、本部長は自動車、カード会社などビッグなクライアントの仕事をポンポン投げてくれた。まるで度胸試しでもさせるように「これ、やれる？　じゃあこっちはどうだ？」といった感じで。新人クリエイティブ・ディレクターが必ず通るべき道ともいえる。ライオンの檻(おり)に放り込まれたグラディエーターのごとく、生存力、戦闘力を証明してみせる日々が続いた。

期待された以上によく闘った。新車の発表、クレジットカードの売り出し、他社とのコンペなど重要な仕事を片っ端からこなし、本部長はもちろん他の社員たちをも驚かせた。気力と体力のバランスをうまく保つテクニックなんかは使う間もなく、すべてを出し切った結果だった。もともと苦手な人づきあいではなく、まだ得意なことに全力投球し、仕事で自分を証明したかった。たとえずばぬけた才能があっても、組織の中で引っ張ってくれる人脈がないかぎり、女性はいずれ排除されるということを、やはり当時はわかっていなかった。サラリーマン生活を一〇年近く送っていても知らないことがあまりに多すぎた。自分たちの利益がかかったここぞという瞬間、「ボーイズクラブ」は一丸となって彼らだけのリーグを守り抜こうとすることも、自分の問題になるまではわからなかった。

　仕事面では成功を収めていたが、本部長に気に入られることには結果として失敗した。かつてのチームリーダーに代わって思いきりこき使える新たな下女が欲しかったのに、そういう彼の期待を徹底して裏切ったためだ。いまでも冗談めかして言っているのだが、私の人生をますますこじらせているのは、権力者に取り入ろうとするより打ち勝とうとするこの性格だ。性格はちょっとやそっとで直るものでもないし、それを隠す術（すべ）も持っていなかった。言うことを聞かない女、意見を言う女、このままいけば自分にとっての脅威となりそうな女に、男たちはポストを差し出しはしない。

　二年後、再び人事異動のシーズンがやってきたとき、本部長は私と同じような時期に「ジュニア」クリエイティブ・ディレクターになっていた男性をチームリーダーへと昇進させた。この間のパフォーマンスでは私と比べものにならない人間だった。私には、まだ年次が低いんだから、もう一度ヒラのチーム員になってチャンスを待つようにと言った。チームリーダーから再びチーム員に戻れ？　いったいどうして？　この男のほうが私より年上で子持ちだから？　あるいは、私が下女になるのを拒んだから？　当時はこのうちのどれについても訊くことができなかった。

受け入れがたい提案だった。いや、受け入れることもできたろう。そういう人もいるとは思う。でも私は違った。仕事にすべてを捧げ、それだけの成果を出していた人間としてプライドが許さなかった。おそらく本部長は、私のこういう性格まで見抜いていたのだろう。そう提案されたら私が自分の足で会社から出ていくだろうとわかっていたのかもしれない。

翌日辞表を出した。もちろん本部長は引き止めなかった。以前から私に関心を寄せ、一緒に仕事をしたいと言ってくれるところがあったから、あっさりと心を決めてしまった。野良の世界、つまり組織やシステムによる最低限のセーフティネットすらない世界へ足を踏み出すことを、一日たらずで決めてしまった。なぜ誰にも助言を求めなかったんだろう？　なぜすべてを一人で抱え込んでしまったんだろう？　もっと慎重に下すべき判断だったが、その状況から自分と自分の尊厳を救いたいという焦りだけが先にきていた。まずはこの地獄から抜け出すんだ。そう思いながら、今日も多くの女性たちが孤独のなかで辞表を出しているはずだ。辞表を出させられているとも知らないままに。

追われるように、あるいは追い出されるように一〇年仕事をした組織から独立して九年。彼らは相変わらず自分たちの城を築き、城外の私はいまでも毎日のように思い返している。

「あれは、私の選択ではなかった」

あきらめないことを選んだ

結婚、正確には結婚という名の家父長制からの脱出は、もっぱら私自身の選択だった。その考えは当時もいまも変わらないし、ラッキーだったと言いたい。心ではとっくに選択していても行動に移せないたくさんの女性がいることを、私たちは知っている。誰にとっても離婚はたやすい選択ではない。比較的あっさり離婚ができたのは、はっきり言って自分の経済力のおかげだった。経済力といったって月給がすべてだが、自分の選択を実行できるレベルではあった。もし私と同じぐらいの所得があれば、どれほどの女性が翌朝には結婚生活を放り出して家を出ていくか、男には想像もつかないだろう。

結婚したのは三十四歳のときだった。韓国の当時の基準からすればかなり遅めだ。だがいまの私の基準からするとまったく遅いことはない。家父長制の実際に目覚める前であれば、三十だろうが四十だろうが結婚にはまだ早い。仕事上のスキルやキャリアを積んではいるものの、女性にとっての結婚がどんな制度かということについてはわかってない「見かけ倒し」。それが私だった。スニーカー一つ買うのも血眼になって検索し勉強していたくせに、なぜ結婚のときはそうならなかったんだろう。おそらく、結婚制度よりも結婚相手にハマっていたからだろう。木を見て森を見ず、つまり愛ばかりに集中するよう、ずっとメディアから吹き込まれていたせいもある。

「(いままで見てきた)韓国の男とは違う」

彼と結婚を決めた理由はこんなにも単純だった。「韓男(ハンナム)」*1という用語が流行(はや)るはるか前だったが、一般的な韓国男性、権威的で保守的な男への拒否感が強かった。そんな男たちと彼は違った。違うと思いこんでいた。政治的なスタンスや生まれもっての反骨精神が自分と似ている人、世間のさまざまな出来事について語り合える人、私の才能と成功を尊重し励ましてくれる人、飾らない自分をさらけ出してもかまわない人。こんな人となら結婚なるものをしてもいいんじゃないか? 何も知らずに活動家

訳註1　韓男(ハンナム)　キムチ女など女性へのヘイト表現に抗うための「ミラーリング」(mirroring：女性に向けられた差別的な言動を男性に鏡に映すように投げ返し、その暴力性に気づかせる手法)戦略として考案された言葉

と結婚した女性の先輩が「リベラルだからって違うと思うな！」とそばで叱ってくれればよかったろうが、残念ながら私には女性のネットワークが不足していた。

三十半ばまで未婚だったからといって結婚のプレッシャーから自由だったわけではない。家族はもちろん韓国社会が一丸となって、結婚するまで全方向から圧力をかけてくる。独身の女性が「負け犬」扱いされる雰囲気のなか、我関せずの態度を保つのは難しい。「中産階級に食い込みたければ手遅れになる前に経済共同体を作るべきじゃないか？」という焦りもしばしば頭をもたげる。そんなわけで誰かとつきあうためにあれこれルートを開拓し、相手に自分の魅力をアピールし、恋愛につながるかどうかに神経を尖らせ、結婚するに値する相手かどうかを見定める。「非婚」宣言をしていない人の「シングルライフ」とは、そんなふうに「婚活」がいつまでも続くという意味である。

競争で後れをとるまいと退社も週末も忘れて馬車馬みたいに働いていた私は、いつのタイミングからか婚活に使われる精神的、身体的なエネルギーが惜しくなった。広告代理店、なかでも仕事がハードな制作チームでは非婚の女性が少なくない。結婚で社会生活のサポーターを手に入れる男性とは違って、女性は結婚とともに内助の功まで求められるだけ。だから、かなりの女性が、広告の仕事と結婚では仕事のほうを選ぶのだ。非婚の先輩を見ながら、あんなふうにはなりたくないと思った。フェミニストになる前、私もやっぱり世間的な偏見で彼女たちを不幸と決めつけていた。よく知りもしないくせに。

仕事に追われて新しい出会いはもう無理だろうと思っていたとき、大昔に同期で入社し、まわりまわって同じ会社の同僚として働くようになった彼と急速に親しくなった。当時ちょうどクリエイティブ・ディレクターになったばかりの私は、仕事とストレスで息が詰まりそうになっていた。部下とは共有できない不安や不信、上司やクライアントに対する不満を吐き出せる人を切実に求めていた私にとって、彼は心のつっかい棒であり耳になってくれた。アクション映画の、命の危険が迫った状況で恋に落ちるおバカな主人公みたいだったというか……。仕事が大変なほど私たちの同志愛はさらに強固になった。恋愛から結婚まで、たったの一年しかかからなかった。

ずっと広告を作っていたから、結婚式もコンペに臨むような感じで済ませた。新郎と新婦の同時入場、女性の媒酌人、結婚式に続くダンスパーティを兼ねた披露宴など、人と違う「クリエイティブな結婚式」そのものに夢中になった。肝心な結婚式を終えたあとの人生については冷静に見通すことができなかった。どこからあんなにポジティブなエネルギーが湧いてきたんだろう？　結婚で、消耗するだけの婚活やうんざりなワンルーム生活に終わりを告げられることに目が眩んでいた。十八歳で上京して住まいを転々としていたソウルに、いいかげん落ち着きたかった。彼と一緒なら、好条件の男たちとつきあっていたときのように萎縮することなく、自分らしく生きられる気がした。私の見通しはせいぜいそこまでだった。

結婚生活は二年あまり続いた。浮気、ＤＶ、事業の失敗などのいかなる事件、事故もなかった。朝の連続ドラマで見かける風変わりな嫁ぎ先でもなかった。韓国ではごくごく平凡な結婚生活で、私以外の全員は瞬く間に慣れていった。何度かの盆暮れと各種家庭行事を経ながら、嫁という立ち位置に適応できないでいるのは私ひとりきりだった。結婚に女性の屈辱感はつきもの。夫婦関係がどれほど平等でも、社会における家長の地位を男に譲りわたす家父長制自体、すでに女性が二等市民であることを前提とした制度である。共働きをして一緒にお金を稼いでいても女性にそっくりのしかかる家事労働と同様、その屈辱感を、私はずっと受け入れられなかった。いまも冷や汗ものなのは、そんな渦中でも「少しでも若いうちに出産しなきゃ」と病院にまで通っていたことだ。「結婚したんだし、一人くらい子どもを産んだほうがいいんじゃない？」その程度の浅い考えだった。「私の遺伝子を残したい」という欲求さえ感じたことのない私のような女をも動かすとは。慣習の慣性というのはなんておそろしいものだろう！

だが、病院で妊娠していないことを確認した日、雷に打たれたようにわかったのだ。自分は心底喜んでいると。子どものせいでこの結婚に縛り付けられなくていい。その事実に深く安堵（あんど）していると。その日の気づきと固定収入をテコに家父長制から脱出することにした。人は、そんなことぐらいで離婚していたら結婚生活なんて続けていけないと言うだろう。みんなそのくらい我慢して暮らしているのに、なんでそうひねくれているんだと口にするだろう。そう、このくらいは我慢して暮らすことも、あきらめることもできる。社会学者の上野千鶴子は「ギブアップした女と鈍感な男の組み合わせ」が日本の夫婦の結婚生活を継続させていると言っていた〔『非婚ですが、それが何か!?』上野千鶴子・水無田気流著、ビジネス社〕。母、姉を含めた私の周囲のほぼ全既婚女性からも同じような言葉を聞かされた。冗談にならない冗談として。「あきらめたほうが気楽だよ」と。

何のために、何をあきらめるというのだろう。マンション、子ども、老後、制度的保護、マトモさ……。結婚によって得られるものがなんであれ、私はあきらめたくなかった。『82年生まれ、キム・ジヨン』〔チョ・ナムジュ著、邦訳斎藤真理子、筑摩書房〕のように、『ミョヌラギ』〔韓国の既婚女性の視点から、根強い家父長制の実際をありありと描き、話題となった人気漫画。ス・シンジ著〕のように、関係を、尊厳を、自分を少しずつあきらめなければ維持できないのが韓国の結婚なら、あえてその制度を存続させる必要はあるだろうか？　誰のために？　結婚の受益者が女でないことぐらいハッキリしていた。これはどんな人と結婚したかの問題ではない。

そんなふうにして私は「脱婚」を選んだ。あきらめないことを選択した。

無報酬労働がイヤで

「どうしてそんなに仕事が大事なんですか？」

就活中か仕事を始めたばかりの女性からときどき訊かれることだ。よく見抜いている。仕事は私にとってとても大事だ。ひょっとしたら人生で一番大事かもしれない。こう言うと並々ならぬ仕事欲とかワーカホリックと誤解される。が、違う。明らかに違う。ばれないようにうまく隠してきただけで、私は生まれつきの怠け者だ。仕事の出来具合については、完璧主義の足元にも及ばない評判主義者と言うべきだろうか。自分の名前を掲げてやっている仕事だから恥ずかしくない程度にするだけで、徹夜して芸術魂を燃やすなんてことはしない。にもかかわらず私にとって仕事が大事な理由は、質問した側がソワソワするくらいシンプルだ。

「家事が嫌いだから」

私は、家事をしないために外で働くほうを選んだ。冗談ではない。ここでいう家事とは、妊娠、出産、育児と続く結婚という道を選んだときに避けて通れない課題、つまり家事労働やケア労働のことを指している。ワンオペ育児でプッツンして辞表を出してから二度と教壇に立つことができなくなった母と、シッターを頼みながらも会社に通い続けた叔母を見ていて幼い私は気づいた。仕事を辞めた女にはもっとたくさんの家事が回ってくるんだ！「母さんみたいには生きたくない」と叫んでいた娘たちが母のようになる最大の理由は、家事から抜け出せないから。やったって目立たないし誰もわかってくれない家事を、あたしはできるだけしないようにしなくちゃ。

そのためには確実な職業とキャリアが必要だった。女が家事をなおざりにしても後ろめたさを感じたり、悪く言われたりしないくらい十分それらしく見え、家事をアウトソーシングしても手元にお金が残るだけの収入が得られる仕事。外で働いているからと言い訳して家事をしなくてすむのは男だけだ。女は外で働いていても家事をやらなければならない。オンラインショッピングを使ってでも、アウトソーシングしてでも解決しなければならない。共稼ぎの夫婦のうち、妻と夫が家事を「ワリカン」にしている家はどれほどあるだろう？　でも女性がお金を稼げば、自ら参加する家事を最小限にし、家事の計画を立て、まわるようにする程度の労働で食い止めることができる。お金を稼がなければ？　家事の蟻地獄から抜け出すことはできない。だから、仕事は重要にならざるをえん！

二度と結婚しないのも同棲しないのも同じ理由である。男と一緒に暮らすとき、どんなかたちであれ女のほうに降りかかる家事から自分を守るため。もちろん一人で暮らしていたって家事労働は不可欠だ。だが、思いきりアウトソーシングすることも、誰に気兼ねなく毎日同じメニューを食べることもできる。自分で労働の量と質とタイミングを調節できるから、悔しく思うことも理不尽だと思うこともない。ちなみに、私は五年以上前から二日に一回の割合でカプレーゼサラダを食べるようにしている。上質のチーズとトマトで栄養を摂ることもできるし、何より料理のプロセスを最短にできるからだ。男と一緒に暮らしたら、そんなことが可能だろうか？

それに、私は家の外でさんざん家事をしている。自分の小さな店で。特に飲食店は、家事労働そのもの。飲食店が急増している時代、だいたいの人はカフェや食堂の経営が決して優雅なものでないことを知っている。えんえんと何かを準備し、作り、片づけ、洗い、計画し、補充しなければならない。自分が作ったものは手を離れるやいなや誰かの口の中へと消える。開店から閉店までせわしなく動き回っているのに、すべての労力は何も起こらなかった「ゼロ」の状態に戻すためだ。アウトプットが蓄積されない労働が、毎日、映画『恋はデジャ・ブ』[*1]のように繰り返される。家事もそう。

瞬間的な集中力やクリエイティビティを持っているかわりに、根気がなくて長期戦に弱い。毎回新しい製品、新しいブランドの広告を作る仕事が合っていたのは、そういう性格のおかげだろう。無限ループされる家事が特に嫌なのも私の気質と関係している。

そんなふうに家事が嫌で必死に外の仕事に没頭していた人間が、家事に似た労働、つまり店の仕事を続けられている理由は、なんといってもお金である。他に何があるのだ！　家事労働とは違って店の労働ではお金が稼げる。会社みたいにボーナスや年末のインセンティブもないけれど、それでも体を動かして稼いだ真っ正直なお金だ。家事に似た労働でお金を稼ぐ時間が長ければ長いほど、実際の家事に投入する時間は短くなる。お金にならない仕事に自分の労働力を使いたくないのだ。最近は家でノンフライヤーのボタンを押すのがせいぜい。それだって私が非婚の女性だから可能なことだろう。

多くの食堂、病院、弁当会社、給食会社の厨房で働く既婚女性たちはそうはいかない。うちに来る清掃スタッフと同じように、彼女たちには家でも休む暇がない。夫や子どもたちが口を開けて待っているから。仕事から帰るとまた別の労働が始まるだけのことだ。家の外でなら、たとえ最低賃金であっても受け取ることができるが、家の中では同じ仕事でも徹底して無報酬だ。韓国のめざましい経済発展を下支えしているのは、女性たちの無報酬労働だと思う。

国家は男の顔をして女たちを黙らせ、自分の影となって影法師（シャドー・ワーク）の仕事をすることを要求する。結婚はそれを可能にする最も簡単で便利なやり方だ。異性愛、母性愛、家族愛など、さまざまな愛の名を借りていかにもそれらしく装う。そんなふうに女性を家父長制の中に追いやって馬車馬のように働かせた結果が、二〇一八年の世界最低出生率だ（〇・九七人、二〇一八年第2四半期）。すでに貧しい国ではない、一人当たりのGDPが三万三〇〇〇ドルに上る国での史上最低出生率というのは何を物語ってい

訳註1 **『恋はデジャ・ブ』** 一九九三年に制作されたロマンティック・コメディ映画。超常現象によって同じ日、同じ場所にいることが繰り返される毎日を送っている主人公が、女性と恋を成就させるまでを描いている

るのだろうか？　その国家の経済発展が女性の搾取によってなされたこと、そして女性の人権はまったく改善されていないということだ。出産政策に関わる部署は過去一三年の間に一五三兆ウォンを投入してもなおこの根本原因が理解できないらしいが、人口の半分を占める女たちはみんなよく知っている。女の労働を無報酬で搾取して叶えた開発と成長は、すでに過去のものなのだということを。

数日前、田舎に移住して隠居生活を送っているある大学の名誉教授が、インタビューで「ひとりぼっちの生活は怖くない！」と言っていた。記事中の、訪れた記者に「夫人お手製の飲み物をふるまった」というくだりで失笑が漏れた。ウォールデン湖のほとりに自らの手で小屋を建てて暮らしていたH・D・ソロー[*2]が、実は食事と洗濯は母親にしてもらっていたというエピソードを知ったときと似た虚脱感だった。最近私には新しい能力が身についている。ある男の人が博士号をもらったり作品を完成させたり受賞したりすると、その人がすごいと思う前に彼の周囲にいる女たちが見えてくるのだ。つい最近まで目に留まらなかった、幽霊みたいな存在だ。ソローの母親のようなお母さんだろうか？　孤独死を夢見ると語る教授の夫人みたいな妻だろうか？あるいは恋人？　男が自分のことだけに夢中になっていられるよう献立を決め、買い出しに行き、料理を作り、洗いものをし、掃いたり拭いたり洗濯したり。一日中近くでしずかに動いていたその女は誰だろう？　家事労働のほかに秘書としての仕事をしていた女も多いだろう。いままで歴史に記録された数多くの業績と成功も、だからこそ可能だったんじゃないか？「見えざる手」の助けがあったから。

偉業を残した人だけの話ではないはずだ。職場で私と競争する普通の既婚男性たち。結婚後こぎれいになった彼らにも、一つずつ割り当てられている魔法の手。正直、自分だってその「見えざる手」が欲しい。そんな気持ちを都会の男は「僕と結婚してくれる？」と表現するのである。国内で〈手〉を見つけられない農村の男たちが東南アジアで調達するようになって久しい。国家はそこに金を支援している。以前であれば「私も妻が欲しい！」と嘆くだけだったと思うが、いまは妻という名で他の女性が搾取されているのだとわかる。一人の女性——母親の労働を無報酬で搾取するのはもうこれで十分だろう。

自分の手で稼いだお金を誰のことも気にせずに使えるという喜びに値段は付けられ

訳註2　H・D・ソロー　アメリカを代表する思想家、詩人、ナチュラリスト。湖畔での自給自足生活をつづった『森の生活』はミニマリストのバイブルとされる

ない。どんな照明よりもその人を輝かせてくれる。だから、女性の労働には必ずまっとうな賃金が与えられるべきなのだ。企業と社会が一丸となって、雇用差別と賃金差別のコラボで女性の財布の紐を締めつけ、結婚、すなわち無報酬の影法師の仕事に追いこんできても、イルベ〔韓国のネットコミュニティーサイト「日刊（イルガン）ベスト貯蔵所」の略称。極右サイトであると同時に女性嫌悪的サイトとされる〕、違法な盗撮[*3]と闘いながら戦士へと成長を遂げた韓国女性たちがおとなしく協力するはずはない。出産ボイコットの次は結婚ボイコットだ。

訳註3　違法な盗撮　韓国では公衆トイレ、更衣室などでの盗撮やリベンジポルノが深刻な社会問題となっている。二〇一八年には違法な盗撮を糾弾するデモ「不便な勇気」が六回行なわれ、延べ三四万人の女性が参加した。「不便な勇気」とは「男女平等のためには世の中が不便を感じるほど勇気を出さなければいけない」の意

女にお金を使おう

ウルフソーシャルクラブのコーヒー豆を変えた。前に使っていた豆に問題があったわけではない。名前を聞いただけで信頼が持てるかなり有名なところだったし、味も実に良かった。変えた理由は他にある。「どうせ使うお金なら女に使おう」という誓いを実践するためだ。カフェではコーヒーの占める比重が大きいだけに、毎月豆に少なくない額が出ていく。私はそのお金を、腕のいい女性焙煎士に届けたい。そうしてその女性が仕事を続けられるように。

自営業の月に着陸してみると、月給生活者の目には映らなかった月の裏側が見えることになる。消費者として美味しいお店、ホットプレイスを訪ねるだけだった頃には知らなかったリアルな真実。「会社勤めは商売に比べればお花見みたいなもの」「自営業は結局のところ、テナントオーナーとインテリア業者が懐(ふところ)を温める仕事」あたりは最初に覚えることだ。次に、「国家は明らかに稼働している」という事実を、四半期ごとに税金を納付しながら気づかされる。仕事がある程度手慣れてきた頃にわかることがもう一つある。

「外食産業でも、女はわずかなお金しか稼げないんだ」

二〇一七年の韓国国税庁の資料によると、女性個人事業主の割合は四〇・六パーセントだ。新規創業者のうち、女性の割合は四八・三パーセントに上る。「女性社長がそんなに多いのか？　さすが女性優位の時代！」みたいな言葉を発するのはやめておこう。この数字は、女性の社会進出と同じように錯覚に近いのだ。女性就業者数が増加したといっても、その雇用は大企業ではなく中小企業や各種サービス業に集中している。実質的に就業率を引っ張っているのは五十代以上の中高年層。これは、給料が安くて男性が敬遠する働き口に女性が集まっていることを意味する。

女性の創業も似たような様相を呈している。「名の知れた大企業を飛び出して」スタートアップ〔未知の事業に挑み、短期間に急成長を目指すビジネス形態〕に身を投じた人がたまにスポットライトを浴びるが、ほとんどは就職難、あるいはキャリア断絶からの抜け道として創業している。資本や技術がない状況では、選ばれる業種も宿泊、飲食店といった生計型がメインになる。特にカフェは女性が最も好む創業形態である。『俺たちカフェでもやる？』[*1]という本が話題になるなり、弘大前（ホンデ）[*2]から広がった「私の小さなカフェファンタジー」は強力だった。しかし最近では「町のカフェの女社長」は前ほど簡単には見かけない。大企業までがカフェ事業に手を染めるようになって、状況が様変わりしたのだ。各種フランチャイズや資本をバックにした企業型カフェに挟まれて、独立系カフェはなかなか生き残れなくなった。ただコーヒーを美味しく淹（い）れて売るだけでは、激しい競争やコストパフォーマンスに負けてまともな収入も得られない可能性が高い。

ここでも男女の性差はハッキリしている。豆、マシーンなどカフェに必要な製品の輸入、供給、流通を掌握しているのは男、バリスタや焙煎士として権威を握っているのも男だ。一言でいえば金になる仕事は男の役目なのである。どんな業種であれ似たような有り様だ。多くの女が従事しているときは賃金も専門性も得られなかったの

訳註1 **『俺たちカフェでもやる？』** 音楽好きな男性四人が運営する個性的なカフェを紹介した本。二〇〇五年に刊行された。工夫を凝らしたメニュー、こだわりのBGMなどが話題となり、個人のテイストを前面に出したカフェ経営がブームとなった

訳注2 **弘大（ホンデ）前** 弘大は弘益大学（ホンイクデハッ）の略。ライブ・ハウスや個性豊かな店が立ち並ぶ。インディ音楽やサブカルチャーの発信地として知られる若者の街

に、男たちが参入しはじめてようやく専門家として承認される。代表的なのはシェフだし、最近なら保険外交員がそう。就職難で増加した男性の保険外交員たちは専門性を強調し、既存の中年女性の外交員を速いスピードで追い抜いている。

　喫茶店のコーヒーがスペシャリティコーヒーにとって代わるあいだ、コーヒー業界もまた徹底して男性中心に成長した。せいぜいカフェの社長ぐらいは女に許してやろうというだけだ。クラフトビールのブランディング〔あるブランドを形作るための一連の作業〕をしながら最も強く感じるのはこの部分だ。数年前から韓国に吹き荒れているクラフトビールブームは、酒類の消費トレンドを塗り替えた。内需低迷と不況にあっても急激な上昇傾向を見せ、チキン店ができるみたいに全国各地に醸造所（ブルワリー）が登場している。金のニオイを嗅（か）ぎつけた投資者はとっくに押し寄せ、ＣＡＳＳやｈｉｔｅ〔いずれも韓国の有名ビールメーカー〕といった大企業まで加わった。メディアはこぞって二〇二三年にはいまの五倍に成長するだろうと大騒ぎしている。このスペクタクルにも女の影は薄い。私が会った醸造所オーナー、醸造士のトップ、クラフトビール協会、輸入会社代表のうち女は数えるほどだ。

　一方で、消費はどうか？　本、ミュージカル、演劇、展覧会など他のすべての文化商品同様、熱心にカフェを訪ね歩くのは女たちだ。食事より高いスターバックスコーヒーを利用しているからという理由で「テンジャン女」〔高いコーヒーを飲み、ブランド物を身に着けている虚栄心の強い女性を揶揄する造語〕という蔑称をつけられ、一日一杯コーヒーを飲む金があるなら不幸な子どもたちを支援しろと圧力をかけられるなか、女たちは惜しみなくコーヒーの代金を払う。それも男たちの六三パーセントの給料をもらいながら。

驚くことに韓国のクラフトビールを育てた功労者も女性だ。新しいものに敏感な女たちがまず動き、せっせと口コミを広めたおかげでブームとなったのだった。韓国最大のクラフトビールの祭典を企画、進行しているのも女。私が担当するメーカーのパブを一番好んで訪れているのも、他でもない二十代、三十代の女性会社員だ。カナダ人の男性CEOは、特に韓国の女性たちにお礼を伝えたいと言っている。結局女は、男より少ない稼ぎで男より多くの金を使っているわけだ。主に男たちに。

消費者でしかなかった頃の私も、やはりそういうお金の流れを意識できていなかった。自分が手にしたほぼ唯一の自己決定権に惑わされ、鏡に向かうみたいにショーウィンドーの前に立ち、あまりにも長い時間を費やしていた。「何を買い、何をあきらめるか?」に夢中だったから「なぜ私はこれしか稼げないのか?」「なぜ女性資産家は少ないのか?」という構造的な疑問を持つ暇もなかった。だが、自分で店を運営し外食業界がどう回っているか眺めるようになってから変わった。

「私はいままで誰にお金を使ってたんだろう？」

最近では、どこへ行ってもまず社長の顔を確かめると公言している。社長がいなければ店の名前に「兄ちゃん（オッパ）」や「独身男（チョンガク）」という言葉が入っていないか、店の前に「君は食べてるときが一番かわいい」などの顔面評価（オルピョン）的な文句の入ったネオンサインがついていないかを見る。[*3] 関心のある空間は公式アカウントや社長のSNSに目を通しておいてもいい。店を訪ねる前にあらかじめふるいにかけられるように。外国でも似たような要望があるのか、二〇一八年三月からグーグルマップで検索をすると、女性がやっている事業体には「Women-led」とマークが表示されている。ビーガンメニュー、ペット同伴可のような要素と同様、消費者が自分の信念と好みで女性の事業体をより簡単に支持できるようにしたのだ。

　単に何かを消費するときだけではない。最近私と私の周辺の女たちは女に集中して仕事を回すことを実践している。ひそやかで無害な陰謀レベルで。イベントに女性の講師を呼び、女性のライターを招き、女性の写真家に声をかけ、女性の保険外交員にお願いし、誰か紹介してと頼まれれば「デキる人だよ」と言いながら女を推薦し、どうにかして女がもっとお金を稼ぎ、仕事とキャリアを続けられるようお互いがハシゴになりあうこと。映画『ドリーム』[*4]の中のセリフのように、誰の跳躍であれ、私たちみんなの跳躍になるんだから。

幸い私とあなたには選択できるチャンスがあり、消費者としての力は決して小さくない。集結させさえすればいいのだ。どうせ使うお金、女に使おう。

訳註3 女性をターゲットにし、こういった表現の入った店名を付け、「君は○○してるときが一番かわいい」などの文句を店内に貼るのが流行っていたことがある

訳注4 『ドリーム』 マーゴット・リー・シェッタリーのノンフィクション小説『Hidden Figures』を原作とした映画。NASAを支えた知られざる女性たちの話

私は私の世帯主

「二人で一緒にマンションを買ったですって!?」

女友だちが二人で一緒に暮らすことにしたと聞いたときはそれほど驚かなかった。「これまでそれぞれ一人で問題なく暮らしてたのに、どうして?」ぐらいの疑問を抱いただけだ。だが、二人で半分ずつ負担してマンションを購入したことをあとから知ったときは衝撃を受けた。単に意外だったり羨ましかったりしたからではない。それによって独立的だと思ってきた自分自身に欠けていた巨大なパズルの一ピースを見つけたからだった。

マンション。頭に浮かべるだけでも不思議な気分になる言葉だ。優越感、劣等感、安定、安全、プレミア感、バブル、中産階級、ローン、投機……。韓国人のほとんどすべての喜怒哀楽が含まれたこのコンクリートの塊に関しては、政治、経済、社会、文化の面からさまざまな考察がなされている。だが前に「女」とついた場合、なんとなくしっくりこない感じがある。女とマンション。特に、一人暮らしの女とマンション。一般的でもなければ、聞きなれた感じもない。そう考えると、近現代史での「福婦人〔一九七〇年代以降の不動産開発ブームのなかで、熱心に不動産投機をして利ザヤを稼いでいた主婦〕」をのぞいて女がマンション所有の主体として浮上してきたことはほとんどない。二〇一九年でも「結婚のときに男は家を用意する」神話（実際はローンの名義が男の名前なだけで夫婦ともに返済していく）が流通しているなか、女にとってマンションとはどんな意味を持つだろう？　私にとってマンションにはどんな意味があるだろう？

マンションは私をソウルへと導いた原動力だった。小学校五年生になった年、住んでいた住宅のすぐ隣に大規模のマンションが建設された。女子大学のキャンパスの敷地に建てられたそのマンションは、おそらく大邱初の高級マンションだったろう。そこから大邱のマンション建設ブームが始まったと言っても過言ではない。塀を一つ隔てて再開発地区には含まれなかったうちの町内が、何年ものあいだ騒然としていたことを覚えている。幼い目にもその変化は尋常ではなかった。毎日かけっこをしていた自分の運動場であり、探検場所であり、アジトであったところが、蜃気楼（しんきろう）のように消えてしまった。家の門の脇の小さい部屋に住み、私をかわいがってくれていた大学生のお姉さんたちも去った。そして、そういうすべての喪失感を圧倒したのは激しい階級意識だった。

「うちはあっちに行けないんだよね？」

母に訊かなくてもわかった。私たちの家とマンションのあいだには壁一つしかないが、あの壁はジャックと豆の木のようにはるかに高いんだ。登ろうとしたらハシゴが必要だろう。マンションは、世間知らずの少女の片目を開かせてくれた。

中高校生の頃はひたすらこの小さな町内から、大邸から、抜け出すことばかり考えていた。どうせなら安全で確実なハシゴを手に入れたかったし、それにはいい学校へ進むしか方法はなかった。ひたむきな上昇志向と両親の教育熱に支えられ、ついにソウルにある大学に進学した。そうやって家計を脅かしながら上京したソウル。しかし、あんなに片思いしていたソウルは私を歓迎してくれなかった。

少し見回しただけでマンションの森があるのに、上京したての地方出身の女子に許された空間は、大学街のみすぼらしいワンルームがすべてだった。おまけに姉との二人暮らし。大峙洞（テチドン）[*1]の予備校で知り合った友人は、江南[*2]生まれの江南育ち、同じ学校に通っている子たちのリーグがどれほど堅固なものか早くから教えてくれた。そういう子たちの前にはハシゴではなくエレベーターが置かれているようだった。大邱から江南のド真ん中にぽんと放り込まれた事件は、自信満々の「レディ・バード」〔同名映画のなかで、十七歳のヒロインは保守的な故郷を離れ、都会での暮らしを目指す〕の羽をスタート段階でもぎ取った。自分の訛り(なま)が、コピー商品のデニムが恥ずかしく、それを恥ずかしがっているという事実がさらに恥ずかしかった。特別な才能があるわけでもないのに「生まれてみたらすでに三塁」という感じのその子たちが憎かった。と同時に、せつないくらいその群れに交じりたかった。

大学に入学すると、そういう不安定な気持ちは切れ目ない恋愛へとつながっていった。専攻の影響もあった。純粋美術はもともと就職が難しく、お金がなければアーティストや教授にもなれない。頼みにしていた自分の才能もソウルでは大したことないという悲しい現実を、学校に通いながら思い知らされた。何より私は自ら進んで貧し

訳註1 **大峙洞(テチドン)** 有名塾や予備校が集まっており、私教育のメッカとして知られる。子どもの教育のため大峙洞に引っ越す親もいて、大峙母(マム)という言葉があるほど。土地代の高い江南にあるうえに授業料が高いため、上流階級が集まることでも有名

訳註2 **江南(カンナム)** 江南はソウル南東部に位置し、特に富裕層が多いことで知られる地域。高級デパートやブランドショップ、芸能人御用達のレストランやエステなどが集まる狎鴎亭洞(アックジョンドン)と清潭洞(チョンダムドン)を擁し、韓国で最もハイセンスな地域とされる

いアーティストになるほど無謀でもなく、芸術に心酔してもいなかった。ワンルームは住む人の覇気さえ失わせる力がある。「果たして自分の学力と資産だけでここから抜け出せるだろうか？」そんな疑問が大きくなればなるほど、「結婚」はひどく自然なソリューションに思えた。フェミニズムも、家父長制の作動原理も知らない頃だった。結婚制度は気に入らないが、その代案も浮かばなかった。正確に言えば、自分がその他の道を追求できるという認識すらなかった。生涯続いていたメディアと環境による洗脳はそれほどまでに強力で、自分探しよりユニコーン〔高学歴、高収入、カッコいい見た目など、好条件をすべてそろえている男性のことをユニコーン系男子という〕探しに夢中になっていたのだ。

熾烈な競争をくぐりぬけて就職したあと、生まれてはじめて毎月口座にお金が振り込まれるようになり、じりじり待ち焦がれていた「経済力」を手にすることができた。が、なぜか自分の持つその「能力」が取るに足りないものに思えた。ファッション誌に載っているような「魅力的なキャリアウーマン」になるために、シーズンごとに買わなければならないコスメ、バッグ、靴、服で部屋はあふれかえっていた。『セックス・アンド・ザ・シティ』の彼女たちみたいにシングルでも「ミゼラブル」ではなく「ファビュラス」に見せたければブランチも食べ、海外旅行にも行き、体重管理とスキンケアもしなければならない。給料はいつも足りなかった。

「どうせすぐ結婚するつもりだし」

いまの未婚の状態は一時的なものだという思いは、消費を正当化し罪悪感を薄めてくれた。調べによれば、投資をしている女性の割合は、男性に比べてかなり低い。同期入社の男性と比べると、私の投資積立の額も微々たるものだった。韓国ではマストと言われる住宅請約預金[*3]にも加入していなかった。こんなの貯めたって大した金額にもなんないよ。すぐ結婚するつもりだし。

しかし、「すぐ結婚するつもりだし」の「すぐ」は、自分の予想よりずっと先だった。そしてまた、家父長制に取り込まれまいと決心したいまとなっては、もう訪れることのない時間になった。にもかかわらず、女友だちの二人が一緒にマンションを買ったという話を耳にするまで、私は自分の力でマンションを買おうと思いすらしなかった。小さいときからマンションが欲しかったのに、それは結婚を介してしか手に入

訳註3　住宅請約預金　分譲マンション購入を目的とした預金口座のこと。一定の条件を満たせば、マンションの分譲を受ける優先権が入手できる。人気の高い物件ほど購入は抽選になることが多いため、この預金があることがマイホーム購入の近道とも言われる

れられない何か、さして高くない給料をかき集めるのでは買えない何かで、つまり「階級上昇」と同義だった。「私にはマンションを一人で手にできる能力はない」と、自分で思いこんでしまっていた。単身世帯なのに、家長の座を空けたままにしていたと言うべきだろうか？

まさにこれが、私に欠けていたピースだ。家長としての自己認識。「私の家長は私」というごく当然の事実。お金を稼ぎキャリアを積むことで育（はぐく）んでいた主体性は消費者としての主体性で、世帯主としての主体性ではなかった。「住む部屋もなく、ほうぼう転々として客死するかもしれない」老後の不安の最大部分を占める住宅問題を解決できず、女性はなかなか結婚制度から完全に自由になれない。少なくない数の非婚女性が、我慢に我慢を重ねたあげく晩婚を選んでしまうのもそこと関係がある。賃貸マンションであれ、タウンハウス〔郊外の高級住宅〕であれ、気の合う友人と一緒に家を買うのであれ、自分でマイホームを用意できれば、この根源的でしつこい不安から抜け出すことができるのに。何も名の知れた江南のマンションじゃなくてもいいのに。なぜ最初からあっさりあきらめていたんだろう？　なぜ自分を信じられなかったんだろう？何のせいで、自分を信じられなくなっていたんだろう？

二十代、三十代には自分の欲望がこんがらがっていた。不安を結婚で解消しようとしていた。しかしいまはハッキリ言える。私がずっと手に入れたかったのは、夫ではなくて住む家だったと。遅くなったとはいえ、正確な判断がついたのだから解決策も明快だ。必要なのは結婚ではなく積立で、ファンドで、財テクだ。世帯主としての感覚である。

私のはじめての女性嫌悪広告

二〇〇〇年に広告代理店に入社してからいままで、数多くの広告に関わってきた。最高級マンションから噛(か)んでおしまいのガムに至るまで。手掛けていない品目のほうが珍しいくらいだ。流行語になったコピーはないが、話すと「あ〜、アレね！」と声が上がるものも何本かある。ひょっとしたら、私のアイデアで生まれた最初の広告を覚えている人もいるかもしれない。どんな席でも決して明かしたことのない、私のはじめての広告。いま周りの人にその新聞広告を見せたらどう言われるだろう？「これが（フェミニストの）あんたのアイデア？」と驚かれるに決まっている。

当時、私は研修を終え正式にチームに配属されたばかりの新人コピーライターだった。ベテラン男性がチームリーダーだったからタバコや酒、建設といったクライアントがメインで、ちょうど新たにウイスキーの新聞広告のオファーが飛び込んできたところだった。それまでウイスキーなんて口を付けたこともない私も、当然投入された。

「おい、新人。お前もアイデア出してみろ！」

広告はチーム作業だが、競争という部分もあって、会議ではチームの下っ端からリーダーまで各自アイデアを出さなければならない。大学卒業したての娘がウイスキーの味を知っていようがいまいが、とにかくアイデアを披露しなければならなかった。ターゲットは男性サラリーマン、主に販売されるのは高級クラブ。ＩＭＦ危機[*1]の嵐が本格的に吹き荒れる前だったうえに、キム・ヨンナン法〔不正、腐敗防止のため、限度額以上の接待や贈り物を受け取ると罰せられる法律の通称。二〇一六年から施行された〕もなかった頃だから、接待が盛んに行なわれていた。会議室でも「ルームサロン〔個室タイプの高級クラブ。接待場所としてよく使われる〕で注文するとき恥ずかしくないように（広告を）作らなくては」という言葉が普通に飛び交っていた。

あの頃の私は、そういうすべてに不快感を持つことができなかった。チームには私

訳註1　IMF危機　一九九七年七月にタイから始まったアジア通貨危機により、韓国では企業の倒産が相次いだ。資金流出が止まらず対外債務の支払いができなくなった韓国は、ついに国際通貨基金の管理下に置かれることになる。国際通貨基金は資金を支援する代わりに、厳しい経済構造改革を要求。大規模なリストラが本格的に行なわれた一九九八年から失業率が右肩上がりになり、一九九九年二月には八・六パーセント（一七八万人）にまで跳ね上がった

の他にも女性の先輩が一人いたが、彼女も同じだった。どうしたら男にアピールする広告を作れるか？　どんなアイデアならチームリーダーの目に留まるか？　それだけに没頭していた。私は、ウイスキーの瓶の柔らかい曲線美に注目した。ボトルの形を生かしたユニークなキャンペーンを展開したアブソルートウォッカのように、これを使ってみよう！　鉛筆でスーッスーッと瓶のシルエットをなぞるようにしてネックラインの深く開いた女性を描いた。顔の唇から上は見えず、ひたすら胸元ばかりがあらわになった姿だった。

「なかなかだな」

会議の時間におそるおそる差し出すと、チームリーダーはさっそく手に取った。デザイナーの先輩がカチャカチャと写真を合成し、いいかげんだったサムネイルをそれらしいイメージに変貌させた。そんなふうにしてできた試案を発表する席で、私のアイデアはクライアントの心をも鷲(わし)づかみにした。一発で決まったのだ！　そういうケースは珍しく、広告代理店の立場でこれほどいいことはない。そこからはあっという間だった。ウクライナ出身の十七歳の女性モデルがキャスティングされ、撮影し、画像がパソコンで加工され、まもなく実際の広告がお目見えした。ひたすら不思議だった。私の頭の中にあった絵が主要新聞の紙面を飾るなんて！ アルコール度数の高い酒はテレビ広告に制約があるため、新聞、雑誌での広告に資本が集中的に投入された。毎朝新聞を開きさえすれば見慣れた女性の胸が目に飛び込んでくる。チーム内はもちろん社内での評価も変わった。「入社ホヤホヤの新人女子がやるな」

いま同じ広告が世に出たらどんな反応だろう？「映画でもルームサロンのシーンがなくならないのに、広告でも性接待かよ？」と「ウイスキー＝女」という公式の露骨な性対象化がSNS上で袋叩きにされるだろう。女性団体が選ぶ「女性嫌悪」広告リストに入っていたかもしれない。熱い鉄板の上で踊っている女性を火が通っていく肉に譬（たと）えた韓国のフランチャイズチェーン店「フクオカハンバーグ」のバイラル映像〔インターネットやSNSなどの口コミを利用して不特定多数への周知を狙うバイラル・マーケティングの映像〕が流れたとき、私はメディアに文章を寄せ強く批判したことがあった。しかし、考えてみればこの映像を制作したユ・セユン〔韓国のお笑い芸人。「フクオカハンバーグ」のバイラル映像を制作した格安広告会社の代表を務めている〕のアイデアと私のアイデアはさして違わない。表現方法と完成度に差があるだけで。

数年前にフェミニストとしてのアイデンティティを確立してから、私はアイデアを出すときそれが性差別的でないかを意識的に検閲するようになった。言いかえれば、それまではあのはじめての広告、女性を胸の部分に置き換えた広告を作っていたときと変わらない意識レベルだったことになる。かなり長いあいだ、自分の中に女性嫌悪的な視線と態度を内面化したまま、全国民の目にさらされるコンテンツを扱ってきたわけだ。まるで息をするみたいに自然に。

もちろん自分一人でできることではない。そのプロセスにはたくさんの人が関与し、協力していた。会議のとき、誰かが「男性モデルにしたら信頼度が上がるから」みたいなことを言っても「それは性差別じゃない？」と指摘したり問題提起したりしているのを、会社にいたときは一度も聞いたことがない。

女がチームリーダーだったら話は別だろうか。私はチームリーダーになって最初に取り組んだお茶飲料のＣＭで、むくみ解消という効能を強調するため、女性二人を顔の大きさで対決させることにした。まるでスポーツのごとく！　地下鉄駅にある美容整形の広告と変わらないそのアイデアを、当時はインパクトがあっておもしろいと無理やり推し進めた。もしかすると女性嫌悪や女性蔑視も女性のほうがうまいかもしれない。そしてそれは単に私や自分が身を置いていた広告代理店だけの風景ではないはずだ。

幸い、最近フェミニズムの熱い風が吹いて少しずつ変化している。消費者の抗議で広告を取りやめになるケースが増え、業界も慎重な雰囲気だ。ある広告代理店の役員は、制作チームのリーダーを集め、性平等意識を育てるように注文を出したという。すると女性二人を除き、その場にいた一〇人あまりの男性チームリーダーは表現の自由が云々と不満を口にしたらしい。これまで無意識のうちに女性を蔑み、排除し、固定的な性役割にあぐらをかいてきた人に「意識的に変化しろ」と言えば反発するに決まっている。まるで生まれつきの権利を奪われたみたいに。しかし、女性が消費を主導している状況で、女性消費者の気持ちに背くことは、企業の活動原理にもかなっていない。広告を作り続け、品物を女性に売り続けたければ、男性の広告屋もせっせと変わっていくしかない。時代の変化と歩調を合わせる気がなく時代に逆行したいなら、仕事を辞めるという方法だってある。そのポジションにとって代わる女性の広告屋は多いのだから。

『セックス・アンド・ザ・シティ』脱出

私は『セックス・アンド・ザ・シティ』[*1]の住民だった。全世界にいる多くの女たちのように。このドラマは一九九八年から二〇〇四年までアメリカで放映され、韓国では二〇〇四年にケーブルチャンネル「オンスタイル」が開局されたのに伴い本格的に紹介された。その時期は私が就職し、キャリアを積んでいた時期と重なる。ちょうど経済力と自信を持ち始めた二十代女性にとって、ショッピングもセックスも自由気ままに楽しむ第一世界〔アメリカ、オーストラリアなど冷戦期に西側諸国だった先進資本主義国群〕のシングル女性の物語は、衝撃に近いカタルシスを与えてくれた。

「私もあんなふうに生きてやる！」

「成功したい」という欲はあったが、自分が望んでいる成功がどんなものか、その目的や方法は何か、よくわからないまま大学時代を過ごした。一九九六年、韓国大学総学生会連合〔略称は韓総連。一九九三年に発足した反米・自主独立路線の大学生団体。八〇年代に学生運動を主導した全国大学生代表者協議会を継承〕による延世大占拠[*2]以降、キャンパスでイデオロギーにいち早くとって代わったのが大衆文化だった。インターネット、移動通信の普及とともに滝のように流れ込んでくる大衆文化に追いつくのも大変だった。学生運動は終わったこと、経済成長はあたりまえのことだった。メディアは、史上初めて親の経済力を背景に消費の主体に躍り出た「X世代」〔一九七〇、八〇年代生まれのこと。急速な経済発展で経済力を持った親の許で育ち、個性を大事にした世代〕の一挙手一投足に大騒ぎしていた。企業は活発に「Made in 20」「二十歳のTTL」[*3]といったキャッチコピーで二十代に攻勢をかけた。平凡な家の子

訳註1 **『セックス・アンド・ザ・シティ』**
主な登場人物
◇キャリー・ブラッドショー…コラムニスト。女友だちの恋愛話をネタに、ニューヨーカーのセックス事情を赤裸々につづったコラムを連載している。恋多き女だが、本命の相手のミスター・ビッグとはなかなか結婚まで進めない
◇サマンサ・ジョーンズ…キャリーの友人の一人でPR会社の社長。男に求めるものはセックスのみと豪語し、狙った男とは必ずベッドインする
◇ミスター・ビッグ…キャリーの長年の恋人

訳註2 **延世大占拠** 「延世大事件」あるいは「韓総連事件」と呼ばれる。一九九六年八月、韓総連は延世大学のキャンパスで民間主導の南北統一行事である「汎民族大会」「八・一五民族統一大祝典」を開催しようとした。しかし、これを違法として阻止しようとした警察は大規模な封じ込めを行ない、学生たちは大学を占拠せざるをえなくなった。九日後、警察と学生たちは激しく衝突。六時間に及ぶ鎮圧作戦には約二万人の警察官が投入された。この事件により五八〇〇人以上の学生が連行され、うち四六二人が身柄を拘束された。鎮圧の過程で警察官一人が死亡。それまで盛んだった学生運動が勢いを失うきっかけとなった

でも長い休みを利用してバックパッカー旅行に行ったり、語学留学に出かけたりした。[*4]そんな人々が現地で経験したおかげで、スターバックスコーヒーは韓国に進出するなり爆発的な反響を呼んだ。[*5]

ＩＭＦ危機をはさんで、最後の火花のような豊かさを背景に、自分なりの趣味や好み、職場を手に入れた「運のいい子たち」には新たなリファレンスが必要だった。男子は村上春樹のあとをついていき、つられて追いかけたものの興味を失った女子の目に飛び込んできたのが『セックス・アンド・ザ・シティ』だ。そこにはセレブコラムニストからＰＲ会社の社長、アートディーラー、弁護士まで全部いた。いい職業に就いているからといって遊びを知らないほど石頭ではない。金曜の夜にはギャルみたいに最高に着飾って、男を、恋を求めに出かける。一夜の相手であれ、デートの相手であれ、とりあえずはセックスから始まる。遠慮することも後ろめたさを感じることもなかった。ひどいセックスでさえ友だちと笑い飛ばせるエピソードに過ぎなかった。「あなたのことは愛してるけど、私は私をもっと愛しているの」そう言いながら自分にブランド物のシューズを惜しみなくプレゼントする女たち。それは壮大な解放だった。

漠然としていた女の成功が具体的な姿を帯び始めた。一方ではリベラルの知識人と女性のあいだでの「そのフェミニズム」論争、[*6]戸主制廃止[*7]といった歴史的な成果が出続けていたが、そういうのは真面目な活動家の先輩たちの話だと思っていた。先輩たちが闘争で獲得しようとされているものを自分はとっくに手に入れているとばかり思

訳註3 **二十歳のTTL** TTLは一九九九年から韓国通信会社SKテレコムが若年世代をターゲットにして開始した携帯電話サービス。当時新人だったイム・ウンギョンをモデルにし、あまり情報を提供しない「神秘主義」戦略を駆使して若者の興味を引くことに成功した。トマトを投げつけられて笑っているイム・ウンギョンの姿やキャッチコピーはいまでも語り継がれている

訳註4 韓国では一九八九年から海外旅行が全面自由化された。条件付きで可能になったのは一九八三年から。ただし、五十歳以上であること、一年にわたり二〇〇万ウォンの銀行預金を維持できていること、などの条件があったため、海外旅行ができるのは富裕層に限られていた

訳註5 一九九九年七月、梨花(イファ)女子大学の前にスターバックスコーヒー一号店がオープンした。スターバックスコーヒーコリアは設立二年目に黒字を記録。アメリカ本社からプレジデント・アワード（経営大賞）を受けるほどの成功を収めた

訳註6 **「そのフェミニズム」論争** 映画専門紙「CINE21」にコラムニスト、キム・ギュハン氏が投稿した記事「そのフェミニズム」を発端に起きた論争。キム・ギュハン氏は、九〇年代以降の主流フェミニズムが「すべての社会的抑圧の出発点である階級問題に無関心」で、いわゆる「中産階級のインテリ女性」が「性的抑圧においてのより明確な被害者である下層階級の女性の苦しみを理解していないうえに、ただ自分たちに残された唯一の社会的抑圧である性的抑圧を『男性一般との問題』にでっちあげるのに夢中になっている」と批判。これには女性から数多くの反論が寄せられた

訳註7 **戸主制廃止** 戸主制とは戸主中心の家族制度。戸主が男性であることを原則とする女性差別的制度だったため、一九五八年の民法制定から長年にわたり廃止運動が行なわれた。二〇〇五年、憲法裁判所での憲法不合致決定を受けて民法が改正され、戸主制に関する規定は削除、改正法は二〇〇八年から施行された

っていた。

ソウルのアッパー・イーストサイドは江南。残業がない日は必ず狎鷗亭洞[*8]、清潭洞のホットプレイスやクラブに繰り出した。キャリー・ブラッドショーと友人たちがしていたようにカクテル「コスモポリタン」をすすりながら男たちが近づいてくるのを待った。さまざまな男と出会って、寝て、振って、振られた。わざわざ二股をかけ、事件や事故も起こした。現実がドラマチックであればあるほど妙に満足だった。自分の人生がますます『セックス・アンド・ザ・シティ』に近づいた気がしたから。

しかし、期待していた成功は訪れる気配がなさそうだった。広告代理店に就職さえすれば（やっぱりドラマみたいに）すぐに実力を認められスピード出世し、「ヴォーグ」誌の「おしゃれOLの気になるバッグの中身をチェック！」みたいなコーナーに掲載されると思っていたのに、驚くほどなにも起きなかった！　最新トレンドを追いかける職種は次第に業務がキツくなり、自分が広告の天才でないことが判明し、決定打としてミスター・ビッグにも会えなかった。

三十になると、とうとう会社を辞めてニューヨークに飛んだ。「女は三十になったら人生終わり」という言葉を言い聞かされる国から『セックス・アンド・ザ・シテイ』へと亡命したことになる。さらに手遅れになる前に。ひょっとしたらひょっとするかもよ？　話に聞いていたとおり、ニューヨークでは年齢は問題ではないのだ。街を歩けばうるさいくらいキャットコール〔通りすがりの女性に声をかけること。性的な言葉の場合もありストリートハラスメントとされる〕がかかった。私が特別魅力的だからではなく、ほとんどの女性がそのセクハラ行為の対象にされることをほどなく理解した。いずれにせよ、若い頃から夢見てきた留学への願望は達成した。だがお金も英語力も足りないアジア女性に、ウォール街から来た大物の男がロールスロイスに乗って現れるようなことは起きなかった。

二年ぶりに戻ってきたソウルは、ニューヨークとさして変わらなかった。それまでなかったブランチ文化が生まれ、並行輸入のおかげで買えないブランドはなかった。職場に通うシングル女性はもはやオールドミスではなく「ゴールドミス」〔適齢期を過ぎた未婚女性のうち、経済力を備えた女性を称する言葉〕「アルファーガール」〔あらゆる面で男性より優秀で、向上心があり、自信を持っている女性のこと。ハーバード大学のダン・キンドロン教授が『Alpha Girls: Understanding the New American Girl and How She Is Changing the World』ではじめて使用した言葉〕と呼ばれ、パワーコンシューマー（力を持つ消費者）として浮上していた。企業はまた「お宝発見！」と叫びながら、一斉に若い女性をターゲット

訳註8　**狎鷗亭洞（アックジョンドン）**　高級デパートやブランドショップ、最先端のヘアサロンや美容整形、エステなど、ファッションに関するあらゆる店が集まる、韓国の流行発信地

にした商品や広告をあふれかえらせた。会議に出ればクライアントは堂々とこう要求してきた。

「『セックス・アンド・ザ・シティ』みたいな感じでお願いしますよ」

それこそ私の専門！　そんなこんなで職級も上になり、年俸も上がり、カードの限度額も増えた。ゴールドミスにふさわしく、最も大きくなったのは消費スケールだった。残業へのご褒美といっては使い、合コンに使い、合コンがイマイチだからとまた使い。男の金ではなく自分の金で買いたいものを買うこと。これこそ、先輩たちが勝ち取れなかった女性の自己決定権であると信じていた。そうやって自分を愛し、きちんと自己管理している私、独立したカッコいい私に似合うようなミスター・ビッグがいるはずだ。たとえいい男はみんな既婚者かゲイでも、どこかに。いつかは。

この空しくてねじれた希望を捨てたのがつい先日だということを告白しなければならない。フェミニズムに関心を持ってからも、「美しくて仕事ができて主体的なビッチ」ごっこから抜け出せずにいた。いや、「美しくて仕事ができて主体的なビッチ」「男たちに欲情されるフェミニスト」こそ、より先進的なフェミニストだと思いこんでいた。そのために美容室、皮膚科、ダイエット、ショッピング、夜遊びにかけた費用は決して少なくなかった。

四十代に突入し、露骨な性的対象化の範囲から一歩抜け出してはじめて、男性連帯の堅固な壁にぶつかってはじめて、ようやく正気を取り戻した。信じこんでいた自分の主体性は、企業とマーケットが奨励する、消費者としての主体性であることが判明した。

実際のところ『セックス・アンド・ザ・シティ』のより罪深いところは「着飾り中毒 beauty sick」よりも「男性中毒 relationship sick」のファッション化だ。「私は私をもっと愛している」と叫んではいるものの、彼女たちの人生は男（との関係）を中心に空転する。どこへ行っても何をしても友人たちとの話のネタも、つねに男だ。世間の他の要素は漂白されたみたいに、すべての神経とエネルギーと感情がそこに集中している。野望と才能があろうが、恋愛と結婚こそ女の最重要なイシューであると扇動するプロパガンダ。本当に、『シンデレラ』から『セックス・アンド・ザ・シティ』へと時代と登場人物が変わっただけで、女性主人公に起きる出来事は大きく変わらない。韓国ドラマはもっとひどい。最近のものでも、男との恋愛以外のところで機能している女はなかなか見当たらない。これは女をスノードームの中に閉じ込めているようなものだ。その小さなスノードームの中では、人生の喜怒哀楽、成功と失敗、そして自分自身さえ男との私的な関係を探すことになる。女たちがそこで夢中になるほど、外部にある宗教、政治、司法、金融の男根(ファルス)連帯はますます堅くなる。多くのロマンティック・コメディ、メロドラマ、恋愛バラエティー番組を主に作っているのは誰か、それによってメリットが得られるのは誰か、問い直せば答えは出てくる。[*9]

ドラマの力は思ったよりも強力だ。「ジーナ・デイビス メディアにおけるジェンダー研究所[*10]」の資料によれば、STEM(科学・技術・工学・数学)分野で仕事に就く女性の五〇パーセントが、アメリカのドラマ『Xファイル』の主人公スカリーのおかげで科学技術に関心を持つようになったという。仕事が理工系でない女性も六三パーセントがスカリーのおかげで科学の重要性に気づかされたとした。そうした現状をめぐって「スカリー効果」という用語まで生まれている。知的で独立的で仕事に没頭する女性キャラクター一人が、これほどの力を持つのだ。私たちにはもっと多くのスカリーが必要だ。女性の物語を消費すること自体有意義だが、一方で偏向的で時代を逆行する女性の物語はボイコットすることも大事だ。せめて手にしている消費者の権力を、こんなときに使わなくてどうするのだろう?

二〇一八年、『セックス・アンド・ザ・シティ』は二〇周年を迎えた。数多くの派生商品を世に送り出しながら依然輝くそのスノードームから抜け出すのに長い時間がかかったが、だからといって恨みだけではない。おかげで、女がひどいセックスや小さな男性器について腹を割って話せるようになったじゃないか？　その功労だけは認めよう。

訳註9　近年はフェミニズムの視点を反映し、恋愛に頼らない主体的な女性像を描いたドラマが話題となっている

訳註10　**ジーナ・デイビス　メディアにおけるジェンダー研究所**　俳優のジーナ・デイビスが二〇〇四年に設立したアメリカの非営利団体。実証的な調査研究に基づき、メディアにおけるジェンダー表現を研究している

チョイスから解放されよう

江南ではじめて暮らした街、論峴洞。私が就職する年に姉が結婚し、二人暮らしだった私たち姉妹は自然と別に住むことになった。会社がある江南区へと引っ越すことになり、社会人一年生でもなんとか部屋が借りられたのが論峴洞だった。それだって親の仕送りがあってのことだったが、ともかく江南の住人になったのだ！　ずっとこの日を待ちわびていた。都会に憧れて上京した地方女子にとって「ソウル＝（一番の都会の）江南」だった。いよいよ本格的なソウル生活が始まると思った。

ところが、荷物をすべて整理しおわる前にわかってしまった。なんでこの街が江南の他の場所に比べて家賃が安いのか。なんでこんなにたくさん美容室があり、しかも遅くまで営業しているのか。越してきた論峴小学校のあたりは俗にいう「キャバ嬢村」だったのだ。二〇〇〇年代当時はまだ九〇年代を席巻した接待文化の名残があった。江南に密集する高級ラウンジやルームサロンは営業を続けていて、そこに勤める多くの女性は、さほど栄えていない論峴洞に寄り集まり、それなりのコミュニティを築いていた。お店への出勤専門のコールタクシー、朝まで営業している焼肉屋、ブランド品のレンタル店など、羽振りのいい彼女たち相手の特殊ビジネスも大盛況だった。論峴洞は「キャバ嬢」の活動時間に合わせ、夜が更けてからようやく活気に満ちる奇妙な場所だった。

会社から帰るのは隣人たちが出勤準備をする時間帯だった。慣れない仕事でクタクタになった帰り道に見る彼女たちの姿は眩しかった。美容室のイスに並んで腰を下ろし、ヘア、メイク、マニキュア、ペディキュアにいたるまで完璧にセットしてるあの子たち見てよ。むちゃくちゃスレンダーでむちゃくちゃキレイ！　高級クラブになるほど着こなしもシックだっていうけどホントだ。オフィスで仕事をしている私よりはるかに優雅なオフィスファッション。あんなペンシルスカート、イスに座るのも一苦労だろうけど。

テレビに出ている芸能人でもない、同年代の女性がそんなに着飾っているのを見るのははじめてだった。周りの友人はもちろん、あの頃狎鷗亭洞にいたオシャレな女性たちだってあれほどではなかった。美容室のガラス窓に映し出された自分の顔、姿、服と見比べてしまう。就職に成功してやる気満々だったのに、あっという間に引っ込み思案の地方女子へと逆戻りしていた。

住んでいるマンションにもキャバ嬢がいた。私より年下らしく、訛りがあった。同じ慶尚道から上京したようだった。飼い主同様、ちゃんと美容室通いをしているらしいマルチーズと暮らす彼女の愛車はアウディ。浪人時代に大峙洞の子どもたちの姿を見かけたときとはまた別の気分だった。受験勉強に十代を捧げ、バイトと就職準備に大学生活を捧げ、自分だけでなく親にまで苦労させてどうにかたどり着いたこの論峴洞に、あの子は遊ぶだけ遊んでやってきたわけか。ああいう不良とは別の人生を歩もうと、呪文みたいに「成功してやる！」と繰り返してがんばってきたのに、結局は同じ街で会うなんて。がっくりきた。

半面羨ましくもあった。着飾った美しい女がたやすく手に入れる「魅力資本」。どんなに賢くても、勉強ができても、自分のものにはならない絶対的な「ルックス権力」。男たちにひっきりなしに求愛のダンスを踊らせる力。目の前にあるアウディが明らかな証拠じゃないか？　それに比べると、ついこないだ会社員になったばかりの私の能力ときたら、使いどころも見通しも不透明な気がした。一生懸命仕事をすればルックス権力以外の別な力を手に入れることはできるんだろうか？　努力の末、仕事で成功を収めたとしよう。でも男たちが私を望まなければ？　男たちが私と寝たがらなかったら？　それって、女として失敗なのでは？

「男に欲望される女になりたい！」

　商品のようにチョイスされることを選んだ同年代女子の隣に暮らし、彼女たちの溌剌（はつらつ）とした美しさやゲットしたご褒美に刺激されて、気がつけば私には憧れやライバル心みたいなものまで生まれていた。論峴洞では「チョイス」されることこそ権力。男にどれほど欲望されるかで等級が決まる。それはこの街だけの原理だろうか？　男なら、職業的な成功でそれまでなかった性的魅力まで獲得するのだろうが、女は違う。いくら仕事ができてもヘンな男に引っかかったら終わり、という言葉を、レッテルみたいに貼りつけられる。職業人としての成功と女としての成功が切り離された瞬間だった。

　欲張りだったから、両方とも欲しかった。ルックスを認められることも実力を認められることもあきらめきれず、何より焦っていた。一番の売り手市場の年齢。条件のいい男子から選んでもらえる期間は限られているのだ。睡眠時間を削ってでも念入りにメイクをし、貯金するかわりにショッピングをし、残業とダイエットを同時にこなし、男性と出会える場なら合コンでも、サークルでも、クラブのブッキング〔クラブのボーイが男女の出会いを取り持つ独特のシステム〕でも選り好みしなかった。まるでゲームのキャラクターみたいにステージをクリアするのに夢中で、それが本当に自分の欲望かを疑う暇さえなかった。

皮肉なことに、男たちとの関係はいつもギクシャクしていた。当然の結果だろう。欲張れば欲張るほど「男に欲望されたい欲」と「男に勝ちたい欲」がそれぞれに増殖して衝突するのだ。矛盾した二つの欲望のはざまで、私はジキル博士とハイド氏のように分裂した。交際がうまくいっていてもしょっちゅう感情を爆発させた。本来の自分ではない、江南のおぼっちゃま好みの控えめながらセクシーな女を演じなければならないという悔しさ。男は実力で競争して打ち勝つべき相手のはずなのに、その男からチョイスされなければいけないという屈辱感。最終的な決定権は自分にはないという怒り。にもかかわらず欲望されたがる自分への羞恥心まで。実は、男とのつきあいよりも自分の中の葛藤や暴走に、はるかに多くのエネルギーを奪われていた。

女は権力への嗅覚がないし権力欲もない、という言葉はまちがっている。いま思えば、当時私が抱いていたのは明らかに権力欲に近かった。実力には自信があった。だが大人になるまでの過程に、欲望丸出しで権力を奪いとるというタイプの女を見たことがなかったから確信が持てなかった。それに比べれば、男に選ばれて男の財産を共有するというパターンのほうが、ドラマや映画で見かけるぶん、ずっと簡単で可能性が高いと思っていた。論峴洞で目にした場面もそれを後押しした。二十代のあいだじゅう男に欲望される自分をあきらめきれなかったのはそのせいだ。自分のキャリア形成に一番集中して成長すべき時期を、精神的な内戦状態のまま過ごしていたわけだ。憂鬱と怒りと自責の念という銃口の先にいるのは、もちろん私。男も、こんなふうに権力欲を分散させているのだろうか。仕事での成功と男としての成功、二兎（にと）を追う的な感じになるのだろうか？

　ついこのあいだ、江南駅の行きつけの美容室で耳にした話は衝撃的だった。店長が客である地元の警察官から聞いた話によると、最近、付近の店に勤める女性の自殺がとても増えているらしい。身元の確認も大変だという。女が恋人に殺されたところでもはやニュースにならないくらいだから、その手の死亡記事は一行も新聞には載らない。長引く不況で「一〇パーセント（テンプロ）」［江南にある最高級風俗店を指す言葉。マネージャーが一〇パーセントの花代しか受け取らないほどルックスがいい女性がいることから名付けられたとの説も］

神話」も昔の話。かわりに似たような風俗店、低価格ルームサロンが爆発的に増加した。韓国国税庁が発表した二〇一二年のルームサロンの数を見ると、街によくあるフランチャイズのコーヒーショップのなんと一〇倍だ。看板を出さずに営業する「オフィステル売春」〔オフィステルはアクセスのよい場所にある家具付きの住居。オフィスにも利用できる〕などは含まれていない数字である。このどこに、正当な労働やロマンが存在しうるだろう？「ルームサロン王国」で女があじわうのは、死ぬことでしか脱せない果てしない搾取のみなのだ。

クラブや街で、男にあとを追いかけられ電話番号を訊かれること？　飲み会で、有力な男性上司たちが私の隣の席をめぐってつばぜり合いを繰り広げること？　その瞬間は自尊心が満たされていい気分かもしれない。だが、それだけだ。実質的なメリットはない。そうやって満たしていた自尊心は、年齢を重ねるにつれ喪失感にとって代わる。裕福な家の息子にチョイスされ結婚に成功？　それだって、権力を行使するより先に妻、母、嫁としての労働がくるだろう。店でトップを張ってたって、より若くて美しい女にスポンサーごと座を奪われるのは時間の問題なのだから。

「男に欲望されること」は権力ではない。女に課されたミッション、女だけがさせられるルックス競争であり、男に権力を差し出す行為だ。なぜ、お金をかけてまで短期限定のレースに飛び込まなければならないのだろう。男に欲望されてこそ女としての存在価値が高いというのは大がかりな詐欺である。キレイだったら給料は増える？ 世界で最も美しいハリウッドの女優でさえ、ギャラは男優にまったく届かないのに。

「白馬に乗った王子様」みたいな、実在しないニセ権力には騙されないでいこう。「キレイ」という褒め言葉は「醜い女」という烙印よりはるかに強力、かつ巧妙な現実統制の手段なのだから。その中にどっぷりはまりこみ、それ以上の夢を見られないようにされる。すべての女は美しい？ いや、女は美しくある必要も欲望される必要もない。オーディション番組でたくさんの女子高生が「PICK ME」〔二〇一六年に韓国の音楽専門チャンネルMnetで放送された公開オーディション番組「PRODUCE 101 シーズン1」のテーマ曲〕と切実に叫んでいる光景なんて怪しすぎる。私たちはチョイスから解放されなければならない。解放された瞬間に本当の力が生まれるのだ。他人ではなく自分に、力を回そう。

「恐れを知らない少女」は恐くない

ニューヨーク、ウォール街のど真ん中に力強い雄牛の銅像「チャージング・ブル(Charging Bull)」が建てられたのは「ブラックマンデー」と呼ばれるニューヨーク株式市場の大暴落の約二年後の一九八九年十二月十五日だった。絶望に瀕するアメリカ人とアメリカ経済に希望のメッセージを伝えようと、一人の芸術家が予告なく設置したその巨大な雄牛は大きな人気を呼び、そこを居場所にすることになった。それから三〇年後の二〇一七年三月八日。国際女性デーに合わせ、雄牛の向かいにもう一つの像が設置された。その名も「恐れを知らない少女(Fearless Girl)」。髪をなびかせ、腰に手を当てて仁王立ちした少女は、突進する雄牛に堂々と向き合っている。ウォール街に代表されるアメリカ金融界の男性中心的な環境に立ち向かい、女性の権利を向上させるというのがこの像の制作意図だ。三〇年のあいだに、雄牛が象徴するものは

「アメリカ経済の希望」から「金融業界の男性権力」へと変わっていたのだった。

少女の登場でウォール街の表情は一変した。世界各地からの観光客はもちろん、遠方に住む人までが少女像を見に押し寄せる。両親に手を引かれてやってきたさまざまな人種の少女たちが、像と同じポーズをとって写真に納まる姿をよく目にした。スーツ姿の男性陣でごったがえすウォール街では見慣れない風景だ。「恐れを知らない少女」はニュースやSNSで広まって話題を集め、二〇一七年の「カンヌライオンズ国際クリエイティビティ・フェスティバル」〔世界最大級の広告・クリエイティブの祭典。毎年六月下旬にフランス・カンヌにて開催される〕で「PR」「アウトドア広告」「グラス（ジェンダー）」「チタニウム」など四部門のグランプリを受賞した。二〇一八年十二月にはついに永久展示が決まり、ニューヨーク証券取引所の前に場所を移した。

ユーチューバーのように、一夜にして世界の注目を集めることになった「恐れを知らない少女」。少女たちのロールモデルが不足するなか、これは新しいヒーローの誕生だろうか？　即座に「イエス」と答えるにはいくつか気がかりな点がある。

まずは、少女像誕生の背後にある企業の存在だ。もとはステイト・ストリート・グローバルアドバイザーズ（State Street Global Advisors）という投資信託会社の依頼とサポートによって作られた広告物だった。像には「女性のリーダーシップを信じよ。ＳＨＥが変化を作り出す (Know the power of women in leadership. SHE makes a difference.)」というコピーが書かれている。ここで言われている「ＳＨＥ」とは、さきほどの投資信託会社の投資ファンド商品名だ。ではこの会社の実際の女性役員比率はどれくらいだろう？　すでに四〇パーセントの女性役員クォータ制〔役員の一定比率を女性にすると定める制度〕を実施しているノルウェー、アイスランド、スペインに比べれば低い二五パーセントレベルだ。「ウーマン・エンパワーリング」「クィア・プライド」を単に商業的に利用するブランドが増えるなか、「恐れを知らない少女」もまた、ただの話題作りのマーケティングだと批判される理由である。「フェミニスト大統領」を自認しながら女性閣僚比率が三〇パーセントに届かなかったり、フェミニズムの大衆化を二十代女性の「集団的利己主義感性」とこき下ろしたりする韓国の状況と同じ文脈で批判できるだろう。

　さらに、ウォール街での女性の権利を主張する人物が、なぜ成人女性ではなく「少女」でなければならないのか？　就職差別、賃金格差、ガラスの天井などはリアルに女性の生き残りがかかった問題である。それらを力説するのがポニーテールの少女ではあまりにかわいらしすぎる。腰に手をあてたおしゃまなポーズは、いまにもアイドルのダンスや歌を真似(まね)しはじめそうな雰囲気を漂わせている。女性の切実な闘争が、怖いもの知らずの女の子の勇気程度に縮小された感じ。アメリカ版「オッパが認めるフェミニズム」[*1]、ウォール街を行きかう男たちを不快にさせない範囲での挑発なのだ。身体的、精神的に成熟しきっていない少女は、男たちにとって対等でも脅威でもない。守ってやらなければならない存在、施しの対象にされやすい。そんなふうに、広告やマーケティングで安易に「少女」を女性全体の代弁者とすることは安全で、だからこそ危険である。映画『ハー・ストーリー』[*2]がすごいのは、慰安婦を描いたこれまでの映画がかわいらしくて幼い少女の被害者性を強調していたのとは異なり、上映

訳註1　**「オッパが認めるフェミニズム」**　全北(チョンブク)大学の教授カン・ジュンマンの著作のタイトル。韓国女性の人権をめぐる闘争史をまとめている。オッパは女性が兄に対して使う呼称だが、「彼氏」の意もある。著者はこの本でオッパ＝家父長制と定義し、フェミニストを名乗りつつも、家父長制が脅かされたとたん激怒する男性の矛盾を批判的にとらえている

訳註2　**『ハー・ストーリー』**　韓国制作、二〇一八年公開。通称「関釜裁判」と呼ばれ、慰安婦とされた被害女性たちの法廷闘争を描いた作品。一九九二年から六年間、山口県下関と韓国・釜山を行き来しながら日本政府の責任を追及した金(キム)文淑(ムンスク)氏の話がモデルになっている。監督のミン・ギュドン氏は聯合ニュースのインタビューに「慰安婦問題を民族全体の深い傷に還元する場合が多いが、単純に象徴的な存在ではない一人の女性、人間としてそれぞれのおばあさんの痛みを取り上げたかった」と語っている

時間のすべてを慰安婦のおばあさんの「いま」に集中していたことだ。よくある回想シーンさえ一度もなく。

現実の少女は「恐れを知らない少女」を見て家に帰る途中、どんなことを思うのだろう？　「一生懸命がんばれば大きくなってウォール街で働けるんだ！」「一生懸命やりさえすればチャンスは与えられる！」これはフェミニズムというよりはフェアリーテールに近い。男性中心の構造のなか、いくら女性が個人でがんばっても壁にはぶつかる。通せんぼを食らうのがいつかという時間的な問題だけだ。おとぎ話みたいな約束を信じて一生懸命勉強し仕事をしても、結果的には男ばかりが大統領主催の晩さん会に招待されたり、カカオバンク[*3]の発足式に並んだりするのだ。そういう光景を遠巻きに眺めながら敗北感や挫折を感じる成人女性なら、「恐れを知らない少女」を歓迎しているだけではいけない。

「ウーマン・エンパワーリング」は必要だ。でもそれは、企業マーケティングやフェミグッズにばかり頼ることじゃない。初等教育でのカリキュラムにフェミニズム教育を組み入れたり、企業や各種公共機関にヨーロッパレベルの女性役員クォータ制を導入させるなど、国家が先頭に立ってすべきことはたくさんある。とすると、前の世代の女性たちは「大きくなったらあたしみたいになるんだから。せいぜいあたし止まりだって」とブツブツ言っているより、力を合わせて政治家や国家に圧力をかけるべきなのだ。「恐れを知らない少女」が、大きくなってから同じ差別の壁にぶつからないためにも。

訳註3　カカオバンク　メッセージアプリで韓国シェア第一位のカカオトークの会社が設立したネットバンク。圧倒的な市場シェアを背景に設立前から大きな注目を集め、開業から三週間で二〇〇万口座を突破したことが話題となった

女性の人脈づくり

二〇一八年一月二十四日付の「朝鮮日報」によれば、「旬が過ぎた」女性コメディアンのソン・ウニは一般視聴者から爆発的な人気と賞賛を、他方お笑いの分野を長年牛耳っている男性芸人たちからは嫉妬とプレッシャーを、それぞれ集めているという。だが、もし後輩の女性コメディアンであるキム・スク[*1]が二〇一五年の時点で既存の放送局のオファーを受けレギュラー番組を持っていたら、同年にスタートしたポッドキャスト番組「ソン・ウニ&キム・スク　秘密保障」〔リスナーからの相談を紹介し、一緒に解決策を考えるコンセプトの番組。女性から熱い支持を受けた〕は誕生していなかったろうし、人気に火が付くこともなかったはずだ。組織を離れ、ひたすら自分ひとりの企画力だけでやり抜いたソン・ウニの成功神話。そしてそれは、女性が組織のなかでネットワーキングを進められなかった失敗談でもある。

では女性のネットワーキング、人脈作りは可能なのだろうか？　認知度と能力のすべてをかねそなえた女性でさえ排除される現実のなかで。

熾烈な競争をくぐりぬけて就職に成功した女性がいる。公的な機関であれ私企業であれ、大規模だろうが小規模だろうが、女性はわりと早いうちに組織を動かす「ボーイズクラブ」の存在を知ることになる。女性社員の割合が高くてもあまり違いはない。社長はもちろん、幹部クラスのほとんどが男性なのだ。グローバルスタンダード志向が強いサムソン電子の場合、製造分野に偏ってはいるものの社員の五三・一パーセントが女性なのに対し、役員クラスとなると四・五パーセントまで落ちこむ。LG電子は役員二五〇人中、女性はただ一人だ（二〇一六年七月二十九日　ハンギョレ新聞記事より。なお、二〇二〇年三月現在、同社の女性役員は八名に増えたが、全役員に占める割合は二パーセント台である）。「ディレクターさんたちに訊いてほしい」二〇一七年、「領収証」[*2]の制作発表会で、なぜあまりテレビに出ないのかと記者に訊かれたソ

訳註1　**キム・スク**　家父長制において女性たちがよく耳にしてきた不条理で差別的な言葉を「ミラーリング」したギャグを披露し、「家母長」という言葉を流行らせた。「男は声を出して笑うものじゃない」「男は家でおとなしく家事さえできればいい」などの発言の数々が語録としてネットにまとめられている

訳註2　**「領収証」**　有名人の家を訪ねて消費パターンを確かめ、お金の使い方を指南する番組。リスナーからお金の使用明細を教えてもらい、アドバイスをしていた同名のポッドキャスト番組が大ヒットし、地上波のレギュラー番組となった。ソン・ウニが設立したコンテンツラボ・ビボが制作

ン・ウニはそう答えた。会社員生活は仕事がデキるだけでは不十分。チャンスは人から与えてもらうものだからだ。自分を認め、助け、引っ張る力を持つ側はほぼ男性という状況。そんな「ボーイズクラブ」のドアをどうやって叩くか。若くて野心のある女性なら、自分のキャラに合わせて戦略を選ぶことになる。

家父長的なステレオタイプの例をいくつか挙げると、仕事帰りの飲み会、各種の社内の集まり、勤務中の喫煙タイムに欠かさず顔を出し、全面的に男たちとつきあう気さくな「弟」戦略、なにもなくてもチームリーダーや本部長の居室に顔を出し、面談を希望したり悩みを打ちあけて助けを求めたりする「妹」戦略、つねにやさしい笑みをたたえ、社内のさまざまな案件、面倒くさそうな用事を積極的に手伝ってあげる「母ちゃん」戦略などがある（だが、実際に女性が出産するとただの「お母さん」扱いされる）。このほか、他人のことは我関せず、ひたすら自分の性格やペースで仕事に集中して存在感を見せつける、俗にいう「イカレ女」戦略もたまに使われることがある。

私の経験からいうと、そのうちのどれをとっても効果はある。実力と運に恵まれ、私生活はナシにして会社の仕事だけに専念することを前提に、チームリーダーあたりのレベルまでなら。もしそのあいだに結婚や出産を経験したり、あるいは不条理や不正を大目に見る図太さが足りなかったりする場合、女性は自ら組織を退場する。一〇年目になるまで気がふれたように働いて、ある日突然同期の女性が誰も残っていないことに気づいたときの感覚は、一、二行の文章では説明しがたいものがある。

主に同窓会組織、山岳会、ゴルフの会といった社交の集まりとして活動している「ボーイズクラブ」は、大きな昇進問題やポストをめぐる話など、テーマが自分たちの利益と直結した瞬間に正体を現す。業務以外のところでなんとか共通するところを見つけ出し、共有し、親睦を深めるそうした男性の連帯について、ロンドン・ビジネススクールのハーミニア・イバーラ教授は「自己陶酔的で怠惰（narcissistic and lazy）」と特徴を説明している。女性を昇進させるかどうかを決める重要な瞬間にも、決定権者は周りの男性の言葉によってその女性の資質や能力を確かめたがる。有能だがそばにいるとやりづらい女性より、多少力不足でも「知り合いの妹」にチャンスが巡るという呆れた展開も、そうした理由によるものだ。

結論を言うと、いくら女性が戦略的に人脈を作ろうとしたって「ボーイズクラブ」の堅い自己愛と怠惰の壁は打ち破りがたいのだ。つまり、いま議論すべきは、高い能力でひとりメディアを企画し、実現した例外的な女性の「成功の秘訣」ではない。「ボーイズクラブ」で生き残る代案がそういうことであってはいけないし、それこそ彼らを喜ばせることだろう。

安定した組織のなかで、チームの仲間と協力しながら業務をこなし、キャリアを重ねる。そんなあたりまえの女性リーダーはどうしたら増やせるだろうか。焦点を合わせるべきはそこだ。ニコニコ笑っていたら投票権が女性のものになったわけではないのと同じように、このプロセスでも自律と善意だけに頼ってはいられない。企業の女性役員クォータ制を法制化することが不可欠である。

失敗に終わったミラーリング

彼はミュージシャンだった。若く、貧しいインディミュージシャン。出会ったのは私が人生で一番稼いでいた時期である。「女にしては」高い給料をもらっていた。ヘッドハンティングされたときに会社からもらった外車もあった。棲息地が異なる動物のように、めったなことでは現実に出会うはずのない二人だった。だが当時の私は、何かに憑かれたように自分の力を思う存分振りかざせる相手を探し求めていた。私より不安定で、弱くて、かわいい存在を。

「私が選んでやる！」

子どもの頃から切望していた「経済力」を手に入れると、思いがけないことが起きた。「男からチョイスされたい欲望」が「自分が男をチョイスしたい欲望」へとそのまま入れかわったのだ。二種類の矛盾する欲望に苦しんでいた二十代への代償行為といえばいいだろうか？　もっとハッキリ言うと「ホテルのラウンジで踊っている若く美しい娘を、小金持ちの男が品定めする」という屈辱的な光景に復讐したかった。

外見も中身も二十代の頃より自信があった。試行錯誤の末にたどりついた似合いの髪型のように、私は自分が気に入っていた。まるで『セックス・アンド・ザ・シティ』のサマンサになった気分だった。ウェイターをする売れない俳優の男を見初め、タイムズスクエアの広告モデルに仕立てあげる力を持つサマンサ・ジョーンズのことだ。友人に招かれて弘大前でのバンドの公演を見に行った日。ちょうどステージを終えたばかりの彼を紹介されて、ひと目でビビッときた。才能があってハンサムで貧しいミュージシャンなんて。完璧だ！

ギターレッスンがいい口実になった。ステージだけでは収入が足りないミュージシャンは、レッスン講師で生計を立てている場合が多い。男性ミュージシャンのなかにはレッスンで出会った女とセックスし、恋愛関係に発展する人もいる。貧しいバンドマンが手にする唯一の特権だったのだろうか。周りでセックスしたいと思う女とはほぼ全員としたと、あとで彼からも聞かされた。驚かなかった。

とりあえず、彼のルックスが気に入っていた。経済的に不安定だった頃はあれやこれやと他の条件の優先順位が高かったから、男の「顔」はつねに後回しだった。一度限りの出会いをのぞき、相手の身体的な魅力に猛烈に惹かれて、という恋愛は多くない。「この程度ならまあ」という感じで内心妥協していた。だが、そもそも男の経済力を気にしなくてよければ？　妥協しなくていいのだ。「これはこれでかわいい」と自分に催眠術をかける必要はない。「女は顔、男は能力」女たちは数学の公式みたいにすりこまれる。「いい男は遊んでる」「男の顔は大事なことじゃない」といった言葉で、男性の性的対象化は絶えず妨害される。考えてみたら、それで身につけられたのは、でっぷりした男を貫禄があると持ち上げるテクぐらいのものだ。逆に対象化を免れた男はといえば、自由に女のルックスを格付けし、体のパーツごとに判決を下す権力を手に入れる。

「私もその権力を行使してやる！　男と同じように顔だけ見てつきあえるんだ！」そう考えると結構興奮した。他の女、つまり、男の経済力に頼って男の目に留まろうと必死の女より上になった気がしたからだ。男のようにふるまうだけで女として上になった気がするなんて。どれだけおかしいことか。

お金を払うのは全部私だった。彼が行けなかったところ、食べられなかったもの、着られないものをどんどん体験させてやった。彼がかわいかったこともあるが、自分の能力をひけらかしたい気持ちのほうが強かった。同年代の女が結婚、出産、育児という囲いのなかでおばさんになっていくとき、私は相変わらず囲いの外で冒険を楽しんでる。おまけに、こっちの隣にいる男はそちらさんの隣の男より若くていい男。こっちの世界はそっちよりずっとワクワクなのだ！　そういう場所はお金がかかって当然だし、そのくらいはどうとでもなった。

　この野心満々のミラーリングで想定外だったのは、彼が女でなかったことだ。想定では、稼ぐのに忙しい私のため、彼は料理を作り、私の機嫌もとらなければならないはずだったのに、自意識過剰のアート系男子はそうは考えなかった。むしろ、そういうことを期待する私を非難してガスライティング〔被害者が自分自身に落ち度があると思いこむよう仕向けるコントロール行動。夫が妻自身に精神疾患だと思いこませる映画『ガス燈』に由来〕した。あまりに堂々とされたから、こっちのほうが態度を注意するほどだった。経済力があるほうが二人の関係での主導権も握れると思ったのは単なる勘違いだった。あげくのはてに、年下男を見るたび自分の年を考えさせられた。「ずいぶん老けてるって思われたらどうしよう？」男性の性的対象化に慣れていない私は、彼を評価するかわり、絶えず自分の年齢や顔をチェックしていた。思いもよらない副作用だった。

幸い長くは続かなかった。貸したままのお金もないし車も買ってやっていない。なのに妙にもやもやが残った。それと向き合うことが怖くて、大急ぎで心の片隅にしまいこんでしまった。あれからかなりの時間が経って、あのもやもやが具体的な問いとして、ゆっくりとわきあがってきている。おそらく、今ならなんとか答えられるからなのだろう。「ホテルのラウンジで踊っている若く美しい娘を、小金持ちの男が品定めする」光景。問いはそこから始めるべきだ。私はなぜ、あの光景をそんなにまで屈辱的に思ったのだろう。子どもじみた復讐をしたくなるくらいに。

あの一コマには、家父長制がどう作用するかという原理がそっくりそのままつめこまれていた。経済的な富と機会を独占した状態で、男たちは選択権を握る。経済的な独立を制限された女は、自分の商品価値を最大限高めることを生存戦略にする。女同士のルックス競争は経済力のある女までをも自発的に性的対象化に飛び込ませ、我を忘れさせる。ディスプレイされた女を男がチョイスするというこのプロセスすべてが、まるで水が低いところへ流れるように自然に進む。強要や強制の気配は何もない。自分で率先してメイクし、率先して露出し、率先してセックスする……。まるで、女に選択権があるみたいだ。二つの性のあいだにはそもそも不公正や差別など存在しないかのように、正当な取引のように、あたりまえに。興奮と快感までくっついている。四十二歳のピカソが十七歳の未成年者との関係について「私も彼女も、今が一番いい歳頃」と語ったというエピソード。[*1] 選ぶ者も、選ばれる者にも異議はない。家父長制がまったく平然と作用する方式。その平然さが屈辱的なのだ。

私はあの一コマに登場する誰に復讐したかったのだろう？　小金を持っていい気になっている男たち？　私じゃなく他の女をチョイスした男たち？　最上級の女と言われるため、ルックスというコルセットを気を失いそうなくらい締め上げていた女たち？　外車の助手席で優越感にひたっていた女たち？　あるいは、そんな人々に劣等感と羞恥心を同時に抱いていた私自身？

自分を強者である男の立場に置き換えてみることは、一時的には痛快だった。だが、想定外だったのは私が男でなかったことだった。自分の力を振りかざせる弱くてかわいい存在を選んだのにもかかわらず、その存在にさえ、私は欲望されたいという欲望を捨てきれずに権力を差し出した。骨の髄までしみ込んだ性的対象化や男性崇拝から抜け出さないかぎり、女性は自分の主人にはなれない。好きでやるダイエット？

好きでやる推し活？　自分が選んだこと、自分の欲望と思いこんでいるすべてを疑うことが第一段階だ。それなくしては家父長制からの独立に成功できない。たとえ経済力があっても。失敗に終わったミラーリングで得た、ずいぶん高すぎる教訓だった。

訳註1　ネットフリックスが配信するオーストラリアのコメディアン、ハンナ・ギャズビーのスタンドアップコメディ『ナネット』より。レズビアンのハンナがそれまでの自虐ネタを封印し、豊富な西洋美術史の知識をもとに、ゴッホ、ピカソなどを取り上げながら男性優位社会に一撃を加える

それは私の権力ではなかった

「女の肌は権力だ」

二〇〇七年九月、テレビでこの化粧品のCMを見たとき、コピーライターとして嫉妬した。「私があのコピーを書くべきだったのに！」完璧に核心を突いていると思った。当時の私は「ファビュラス」な『セックス・アンド・ザ・シティ』に暮らす一市民だったから、その説にまったく同意していた。ちょうど、優秀で自己管理能力の高い「ゴールドミス」の登場を世間が両手を挙げて歓迎していた時代だった。スターバックスのコーヒーを飲んでいるだけで「テンジャン女」扱いして叩いていたくせに、なんで急に仕事を持つ三十代シングル女性が持ち上げられ始めたんだろう？　広告会社に勤めているくせにマーケットの思惑が読めなかった。単に自分が、誰よりも「クールで魅力的なゴールドミス」になりたかった。

「偉くなったし年収も上がった。もう大学出たばっかりの新人じゃないのだ！」男の金ではなく自分の金で欲しいものを買う。それこそが、母親世代が勝ち取れなかった自己決定権だと思いこんでいた。自ら高価な化粧品を買い、エステに行き、ダイエットをして「有能で遊び上手、しかも美しい自分」を完成するときの満足感と悦（よろこ）びといったらものすごかった。これが私の私を愛するやり方。男受けしたいなんて思ってない！　人様の関心や賞賛や好感はおまけみたいにあたりまえについてくるものだった。

　ところが、三十代後半に入ると自信は危機感、不安感へとあっというまにとって代わった。当時の私は短い結婚生活にピリオドを打ち、再びシングルになったところだった。なのに四十になる？　誰かの妻でも恋人でもない状態で？　自分名義の不動産ひとつない家なき子状態で？　それまで四十を過ぎてからの女性の人生を考えたこともなかったし、テレビに出てくる四十代シングル女性の芸能人もアン・ムンスク〔一九六二年生まれの女優。結婚できなかった中年女性の役を演じることが多く、ある番組で四年間うつ病を患っていたと告白している〕しか思い浮かばなかった。三十代は二十代と連続している感じがあるし、肉体的にも職業的にも黄金期といえる。しかし四十代は違う。自分が享受していた「ルックス権力」が失われてしまうこと、世の中から女として扱われていない「おばさん」時代に突入したということだ。もはや性的な対象とされない、無性の存在に。

じゃあ私の老後はどうなるの？　誰に愛されることも選ばれることもなく、ひとり寂しく暮らす高齢者になるわけ？　資格を持った専門職でないかぎり、女の経済寿命は男よりずっと短い。男が既得権と選択権を握っている家父長制社会では、欲望されチョイスされる女が結婚制度のなかでそれなりの保護を受け、生き残れるようになっている。四十を前に結婚と性的魅力、どちらの有効なカードも残っていないことに気づいて、二十代の終わりとはレベルの違う、憂鬱というよりは恐怖に近い感情に襲われた。

私は過去のどんなときにもましてダイエットに励んだ。脳みそに刻印された「おばさん」イメージからできるだけ遠ざかる方法は、とりあえず痩せることだった。もともと平均体重だったが、それをモデル体重に落とさなければ。減量は施術を受けたり整形したりするよりはリスクも少なかった。炭水化物のメニューを制限し、極端に食べる量を減らした。運動？　筋肉量を増やすのはとりあえず痩せてからの話だ。ガールズグループの献立を参考に、絶対それ以上は食べなかった。三十代後半の働く女がカメラの前に立つのが仕事の十代、二十代女性を参考にするなんて、どれほど歪(ゆが)んだ発想だったろう？　でもそんなことは大した問題じゃない。他人は絶対気づかないから。世間が目にするのは、贅肉のないスリムな私の体だけなんだから。

　二十代でも経験したことのない四八キロが目標だった。身長一六七センチの標準体重が六〇・三キロだという情報はまったくの無意味だった。一日に何度となく体重計に乗った。キム・ヒエ〔一九六七年生まれの女優。出演ドラマに『密会』『夫婦の世界』など〕も言ってたよね。ちょっと食べすぎたと思ったときは指を突っ込んで、食べたものを吐き出すこともあるって。キム・ヒエだってそうなんだ。この年で減量しようと思ったら仕方がない。拒食症にさえならなければいい。細いと言われるたび、細くなった太ももを鏡に映すたび、こみあげてくる万能感が罪悪感を抑え込んだ。ついに四〇キロ台に突入すると、失われていた女性性をある程度取り戻せた気がした。

　そんなことをしていた二〇一六年、江南駅殺人事件が起きた。「女だから殺された！」女性嫌悪の現実が斧となって、私を含む多くの韓国女性の頭上に振り下ろされた。私は四十になった年に遅ればせながらフェミニストになった。だが、体形と体重へのひそやかな執着は、自分をフェミニストだと認識してからも続いていた。ただのフェミニストじゃ物足りない。クールで魅力的なゴールドミスは、クールで魅力的なフェミニストになるべきだった。どんな思いでこの体重にしたと思ってんの！　いままでフェミニズムが大衆化されなかったのは、リベラル派の政党や活動家の世界が十分魅力的じゃなかったからよ！　男たちには高嶺（たかね）の花の「クソ女」、女から見てもカッコいい「ガールクラッシュ」こそ、よりリベラルで強力なフェミニストだと思っていた。

　そのためにはダイエット、メイク、美容室、脱毛、エステのどれ一つとして欠かせなかった。すでに始まっていた老化の兆候を消し去るため、着飾る労力は増え、美容の費用もひたすら注ぎ込まざるをえなかった。四十代女性がスルーされずに人の目を引こうと思うなら、非婚女性のロールモデルを探す二十代、三十代に希望を与えようと思うなら、社会的な成功はもちろんケイト・ブランシェットばりのスタイルを維持しなくては！　でも、現実はキャリアをキープすることだってしんどかった。いつまでがんばれる？　いつまでおばさんじゃなく魅力的なフェミニストとしていられる？過去の賛辞や評価はむしろ足かせだった。自分の競争力、あるいは商品性を失いたくないという欲望、自分で引き上げた評価基準が、時間が経てば経つほど私の首と通帳残高を締めつけた。女性解放運動のフェミニズムに入門しても、まだちっとも解放されていなかった。

気づきを与えてくれたのは、十代、二十代の女性が主導する「脱コルセット」運動だ。ショートカットを超えて刈り上げにし、化粧品を壊し、ワンピースを引き裂き、それをSNS上にアップして承認を受けるやり方を、はじめのうちは過激に感じていた。「何でそこまで?」でもそのあとに続く学生たちの証言、小学校時代から着飾ることへのプレッシャーにさらされ、メイクしないと友だちに仲間外れにされ、すっぴんでは外へ出られないからマスクをするという彼女たちの話は「江南駅殺人事件」とは別の斧となって私に斬りかかった。メイクすることが逸脱だった私の世代とは違い、現在の十代、二十代には着飾らないことが抵抗であり、勇気のいることなのだ。甘ったるい消費主義にはまって自分の体、自分の美しさにばかり夢中になっているうちに、この世の中は若い女性にとってどんなところになってしまっていたのだろう。

いまさらながら、コンビニ並みのコスメショップの数が何を意味しているかを正確に把握した。世界が驚嘆する「ビューティ産業強国」の実態はまさに「着飾り抑圧強国」だった。堅固な砦(とりで)を築くレンガを、私は何個ぶん積み上げたのか。広告会社に就職して関わった数えきれないほどの化粧品広告、お茶飲料の広告、ショッピングモールの広告、下着の広告。「いますぐこの製品でこの役者みたいに美しくなれ！　あのモデルみたいに細くなれ！」と時にアメ玉を、時に不安を、売りさばかなかったろうか。同様に、私もやっぱりファッション誌、映画、ドラマ、芸能番組に三六〇度包囲され、説得されていた。そうやって着飾りに熱中し思いきり締めつけたコルセットは、自分だけの話では終わらなかった。見せびらかすことで周りの同僚、後輩、街や地下鉄で顔を合わせる不特定多数の女性、オンラインの友人のコルセットまでぎゅうぎゅうに締め上げたのだ。互いが互いに鞭(むち)を入れ、若い世代の「着飾らない自由」を奪うところまで。

二〇一八年八月五日、光化門(クァンファムン)で開かれた盗撮被害の不公平捜査反対デモ[*1]に参加した。デモが最高潮に差しかかると剃髪(ていはつ)パフォーマンスが始まった。女性ゆえにさらされる差別や犯罪に国家も加担し、助長しているという現実に抗議するため、また男性中心主義が作り出した「女性性」を自ら排除するための儀式だった。参加者のうちの一人はなんと就活生だった。ルックスがスペックとされる時代、どんな思いで剃髪を選んだのだろう。想像もつかなかった。豊かな髪がはらはらと床に剃(そ)り落とされ、見ているだけでこちらまで涙目になった。だが、マイクを通して聞く声は驚くほどしっかりしていた。性的な対象ではなく平等な人間として存在したいという叫びが旗のように翻った。あのときだと思う。あれほど手放したくないと思っていた「女性性」がどういうものか、直視させられた瞬間は。

私の肌、私の着飾り。それは決して私の権力ではなかった。お金と時間と労力を投下したルックスは、大事な昇進の場面で既婚男性に追い落とされたときに私を守ってはくれなかった。フリーでの仕事のときも、スリムで見た目がいいからとさらに一つ仕事を任されることはなかった。男たちは飲み屋の隣の席は譲っても、金につながるチャンスは譲らなかった。ルックス権力という言葉は、だから矛盾しているのだ。権力はチョイスをする側にあり、チョイスをされる側にはない。女性のルックス権力は虚像だし、性的に他人から求められたいという気持ちも完璧に自分の欲望ではない。

訳註1　盗撮被害の不公平捜査反対デモ　全六回行なわれた「不便な勇気」の四回目のデモ。四万五〇〇〇人が集まった。「不便な勇気」は二〇一八年五月から実施され、主催者側発表で合計三四万人の女性が参加した。きっかけは、女性嫌悪を行なう男性へのミラーリングとしてオンラインコミュニティに男性のヌード写真をアップした女性が、事件発生から一二日で逮捕されたこと。それまで、いくら女性が盗撮被害を訴えても腰の重かった警察が、男性が被害者になったとたん迅速な捜査を行なったことに女性たちは激怒。「公平捜査」「同一犯罪同一処罰」などをデモで訴えた

私を含め多くの女性たちが、内面化した男性の視線、男性の欲望を自分の欲望と勘違いして生きている。そのぶん、別の欲望を捨てて。「脱コルセット」は、単に髪を短くしたり化粧をしなかったりではなく、そういうことに気づくための苦しいプロセスである。性的対象化されることに夢中だった人ほど、その意味がよくわかるだろう。

はじめは負い目を感じ、連帯するつもりで賛同した「脱コルセット」だったが、やがて日常に思いもよらぬ変化をもたらしてくれた。フェミニズムに入門しただけではわからなかった大きな解放感を、ようやく得られるようになったのだ。朝起きて家を出るのがこれほどラクとは。鏡を見るたびフェイスリフティングの時期を考えなくてもいいなんて。何より、男の視線や関心を引きつけられなくなったら世界は終わり、みたいな落ち込み方をしなくていいなんて！　ひとりのときでさえ頭上を旋回し、体のあちこちを撮影してチェックを入れていたドローンを撃ち落としたように爽快な気分。一方で虚しさや敗北感もあった。男って、こんなふうにルックスに怯えなくていい自由な状態で暮らしてるんだ。着飾りにお金を使い果たすこともないんだ。とはいえ、すべてに勝るのは安堵感である。遅まきながら「美しさ」「若さ」みたいな消耗戦のラリーを脱出し、本当に大事な目標に集中できる安堵感。そりゃあもっと早く覚醒するに越したことはなかったろうが、残りの人生、もう鏡の前に貼りつかなくてもいいと思うだけでもどれだけうれしいか。どれだけ力になるか。声を上げ、実践を進める十代、二十代の女性たちに申し訳ない気もするし、感謝もしている。

　バリバリのメイクにピンヒールでみんなを虜にするビッチ？　セクシーなビキニを着たプラスサイズのモデル？　どんなスタイル、どういう体形であれ、「着飾り儀式」という土俵の上でいくら闘っても女は勝てない。いつかより若く、もっと値が張る女にとって代わられるだけ。男性中心社会が本当に恐れているのは、その秘密に気づいてしまった女、簡単に統制できる「女性性」を使わない女が増えることだ。いま、ビューティ産業強国・韓国で「脱コルセット」が運動であり抵抗となっているのは、まさにそういう理由からである。

女性社長だから可能だった

広告代理店をふりだしに、広告プロダクションの代表を経てフリーになるまで、数えきれないほどたくさんの広告アイデアをひねりだしてきた。そのうちの九九・九パーセントが内部の会議やスポンサーに報告される段階であの世送りになり、広告の墓地へと埋葬された。多く見積もっても実際の広告になるのはアイデア全体の〇・一パーセントほど。針の孔をくぐりぬけるような確率で世に送り出された最終結果物も、アイデアの段階とは完全に別物だ。制作過程に関わった人の数だけ、さまざまな修正が入るから。さんざん切り貼りされた「最最最最最最終版」も、スポンサー企業の会長の鶴の一声で「最初からやりなおーし！」となることは多い。

二〇年近くそんな憂き目にあってきた身にとって、奇跡とはまさにこんな感じだ。自分のアイデア、自分が書いたコピーがスポンサーに「一発で」採用され、「そのまんま」ＣＭになるという奇跡。それも、自分が本当に採用してほしいと思った案そのままで！

フェミニズムに目覚めてからは広告アイデアに女性主義の視点を反映しようとがんばってきた。自分が選びとり、自分をプロとして育ててくれた業界が「ソフトに女を殺す道具」として強力に作用していたという事実を消化するのはラクではなかった。既婚女性が、自分は家父長制の共犯だったと認めるのがしんどいように。即座に手を引いて飛び出すわけにもいかず、中にいてすべきこと、できることをしようと思った。とりあえずアイデアを出すときは、お母さんはごはんを作る、お父さんは外で仕事をしてお金を稼ぐ、みたいな固定的な性別役割分業をひっくり返したり、女の敵は女、女はお荷物、女はおバカといった決まりきった女性嫌悪の設定を排除した。女性を性的な対象とするアイデアを出すことが習慣のようになっていたが、それも封印した。会議の場では性差別的だったり女性嫌悪的だったりの広告例を挙げ、何が問題かを訴えた。いまどきこんなことをしていたら大変なことになる。商売ができなくなるよと。そう言いつつ、それとなく自分のアイデアを売り込む。こういうのが、現在消費の八五パーセント以上を支えている女性の姿であり、考えであり、ニーズなんです。だがリアクションはだいたいこう。「それじゃ広告的なおもしろさがなくなりそうですけど？」「スポンサーがあまりいい顔しないと思います」「室長がフェミニストだってのはわかるけど……」女性主義的なCMを一本テレビで流すための私の努力は、毎回虚しく終わるのだった。

そんななか、広告代理店D企画の制作チームから、化粧品CMコンペのプロジェクトを手伝ってほしいとの連絡が入った。必ず勝ちたいコンペや重要なプロジェクトに、外部の人間としてフレッシュな視点や解決策を提案する。フリーランスのコピーライターである私に与えられた役割だ。この業界を知らない人は、コピーライターというと広告のキャッチコピーを書く人だと思っているが、実際は「思考の設計士」に近い。ブランドや製品が抱える問題をどう受け止め、アプローチし、解決するか、その思考の枠組みを決める人。言葉やコピーは設計図通りに丈夫な家を組み立てるレンガというだけだ。設計図面がない、あるいはいいかげんな図面だったりすると、広告は足を踏ん張ってちゃんと立つことができず、砂の城のように崩れてしまう。あなたの記憶にあるわかりやすくてシンプルな広告は、だからこそ神の啓示みたいにひょっこりアイデアが降りてきたわけではない。わかりやすさやシンプルさの背後にはライバル会社、ターゲット、マーケットの状況、時代的な流れへの並々ならぬ計算がひそんでいる。思考を練りに練り、人々を貫通する鋭い矢じりを作ること。広告コミュニケーションの核心である。

「劇的瞬間(ティッピング・ポイント)が必要だ！」*1

コンペプロジェクトの主人公であるI化粧品は、高品質だが認知度と好感度がそれに届いていない状況。路面店のコスメショップでは中小ブランドの競争がますます熾烈になっており、I化粧品には対策が必要だった。これまでの担当代理店であるD企画としても、スポンサーを逃してはならぬというプレッシャーがあった。Kビューティはスマートフォンと並ぶグローバル輸出産業に成長し、コスメブランドはかなり前から多額の宣伝費を投入する一大スポンサーである。リップグロス一本、保湿クリーム一個の起爆力がずばぬけているぶん、話題作りの広告マーケティングは日々過熱している。あげくに、広告だけでなく、さまざまな動画コンテンツのアピール力やイン

訳註1　劇的瞬間（ティッピング・ポイント）　コラムニストのマルコム・グラッドウェル（Malcolm Gladwell）は書籍の中で「あるアイディアや流行もしくは社会的行動が、敷居を越えて一気に流れ出し、野火のように広がる劇的瞬間」としている。『ティッピング・ポイント―いかにして「小さな変化」が「大きな変化」を生み出すか』（マルコム・グラッドウェル著、邦訳 高橋啓、飛鳥新社）

パクトの勝負もすさまじいじゃないか。うちの化粧品は品質がいい、使ってもらえればわかる、みたいなのんびりしたアプローチではとても太刀打ちできない。どうしたらあまりコストをかけずにＩ化粧品のメッセージを届けられるだろう？　実のところプロの広告屋でも解決が難しい課題だった。キックオフ会議のあいだじゅう重苦しい雰囲気が続いた。そのときふと、Ｉ化粧品の社長である女性実業家が私と同じコピーライター出身だという話に興味を引かれた。ＩＴブームに乗って広告会社を飛び出し、二〇〇〇年のはじめに女性のためのコミュニティサイトを作った人物？　芽が出そうな種を一つ見つけた気分だった。

　複数の広告代理店がそれぞれの戦略と広告素材を披露するコンペのいいところは、その日、その場で、スポンサーのＣＥＯさえ気に入ればゲームの決着がつくことだ。いつものように「修正の修正の修正」を呼ぶ報告プロセスをたどらなくていいという意味である。家に帰ってからも、考えれば考えるほどチャンスに思えた。女性主義的な広告で勝負を打つチャンス！　当時のＩ化粧品の問題点は「存在感、個性の不在」だった。それを解決するために必要なのは、商品の機能を強調した商品単体の広告ではなく、明確な主張を示すブランド広告のような気がした。ブランドのコンセプトは

「化学的な有害成分が一切入らない天然化粧品」。そこから抽出されたキーワードは「安全」だ。二〇一六年の韓国女性の現実、女性社長の経歴などを材料に、思考の設計図を作り始めた。

「見てて涙が出ました、室長！」

数日がかりで作った広告素材をプレゼンする席で、パワーポイントの最後のページをめくり終わると、女性デザイナーがそう口にした。化粧品という商品の特性上、担当制作チームのリーダー、企画チームのリーダーのどちらも女性であり、チームメンバーも女性のほうが多かった。〈コピーを書きながら私も泣きましたもん〉心の中であいづちを打った。

「二〇〇〇年から二〇一六年。この国は、ソニョンが害されることのない国に、なりましたか？」

本当に伝えたいメッセージはそれだった。このコピーはなんの修正も入らずにコンペの出品案になり、Ｉ化粧品社長の拍手を受けてコンペに勝ち、やがて実際にＣＭになった。思いもよらないことで修正が入るのでは？　最後までドキドキしていたが、ＣＭがテレビに流れるのを見て、再び熱いものがこみあげた。

なぜ二〇〇〇年のソニョンが二〇一六年に再び甦(よみがえ)ることになったのか?『82年生まれ、キム・ジヨン』と同じくらい耳になじんだ「ソニョン」という名は、二十一世紀の始まりとともにソウルの主要な街に貼られていたポスターの主人公である。「ソニョン、愛してる」はI化粧品の社長が女性コミュニティ開設当時に展開した屋外広告で、韓国最初のバイラルキャンペーン〔インターネットやSNSを利用し、口コミなどで不特定多数への周知を狙う宣伝手法〕とされている。二〇一六年の江南駅殺人事件以降、韓国でフェミニズムがリブートされたように、女性に新たなネット(世界)が開かれたことを宣言した「ソニョン、愛してる」をリブートすること。そして、女性であるという理由で生存を脅かされている二〇一六年のソニョンの安全を問いかけること。それがスポンサーと消費者みんなの心を射(い)貫(ぬ)くために私が選んだ矢じりであり、奇跡は叶った。とうとう頭の中に描いた設計図そのままの広告が世に出たのだから。

CMが流れると、女性コミュニティを中心に反響が広がった。「感動的」から「ソニョンは愛なんて必要としてない!」まで、リアクションもさまざまだった。「ソニョン、みんなを殺せ」というパロディコピーがトレンド入りしたかと思えば、韓国初の「フェムバタイジング(Femvertising = Feminism+Advertising)」と新聞に紹介もされた。広告が話題になるにつれ、販売数もうなぎ上りだという連絡が入った。女性を性的に対象化したり、コルセットをぎゅうぎゅう締めあげて刺激的な広告にしなくても成功できる事例ができた。これを見た別のスポンサーが女性主義的な広告素材を選ぶ可能性が高まったのだ。大韓民国広告大賞をもらったときより満足だったし感激した。

これが男性の最終決定権者だったら可能だったろうか？　いくら私のコピーがすぐれていても、D企画が試案をうまく仕上げてコンペをやり抜いていても、クライアントとの長いつきあいから言って、男性社長ならこの広告案はあっさり蹴っただろうと思う。奇跡につながる神の一手は、最終決定権者が女性だったことだ。江南駅殺人事

訳註2　**二〇〇〇年のソニョン**　二〇〇〇年、ソウル市内の有名スポットや路地に、突然「ソニョン、愛してる」とだけ書かれた紙が貼られる現象が起きた。「誰かの愛の告白か」「ソニョンは誰だ」とさかんに話題になったところで、それがネット上の女性限定コミュニティのオープンを告げる広告であることがわかった。「ソニョン」は当時の韓国女性の最も代表的な名前であり、CMでは女性の代名詞として使われた。著者が手掛けた二〇一六年のCMには歌手であり女優のIUが出演。路地に貼られた数多くの「ソニョン、愛している」という貼り紙を眺めたあと、強い眼差しでカメラを見つめながら「この国は、ソニョンが害されることのない国に、なりましたか？」と問いかけている

訳註3　**フェミニズム・リブート**　二〇〇〇年代に入り下火になっていたフェミニズム運動が二〇一五年から再燃した現象を指す。リブートとは映画業界で使用される用語で、過去の作品の本質的な部分はそのままに新たに作り替えることを指す。映像作品を対象にしたフェミニズム批評を行なう文化評論家ソン・ヒジョンが命名

件を機に可視化された女性嫌悪や、女性の実質的な安全や生存が脅かされているという現実を認識し、共感できたのは女性社長だからこそだった。

決定権者の性別が広告に与える影響について、もう一つ例を挙げよう。二〇一六年の夏、Ｈグループの広告を制作するスタート段階に関わっていた。テーマは、前の年から始まっていた企業イメージのＰＲキャンペーンをどう継続するか。広告代理店で開かれたアイデア会議に、私はこんな案を持って行った。会議室で誰よりも積極的に質問し、鋭い反論をする女性の映像をハイスピードで見せる。その上にこんなコピーがつく。

「枯れない。しおれない。簡単には折られない。私は花じゃない、火花だ」

このアイデアは当時採択されなかった。スポンサーまで報告も上がらなかったはずだ。なぜか？　依頼してきた広告代理店の制作チームに、女性社員は皆無だった。長くこの仕事をしていると、眉の動きひとつで先方の好き嫌いがわかる。「私は花じゃない、火花だ」というメッセージは男性陣の気持ちを揺さぶることができなかった。自分としては会心の作だったので、お蔵入りさせるのが悔しくてＳＮＳにアップしたところ、女性たちから爆発的な支持を得た。「私は花じゃない、火花だ」はそのあと自然発生的にさまざまな女性のデモの合言葉として登場し、二〇一八年の初めには淑明(スンミョン)女子大学女性学サークルのフェミニズム地下鉄広告にも使われた。勇気党〔性暴力被害当事者の連帯組織〕のスローガン「私たちは互いの勇気になる」とともに、韓国のフェミニズム大衆化のページに刻まれる言葉となったのだ。広告代理店、スポンサーが買いたがらなかったコピーが共感する女性によって救われ、息を吹き返していくプロセスを眺めるのはまったく新しい経験だった。なんと、有名ドラマ作家が超大作ドラマのセリフに採用したほどなのだ。

　最近、化粧品の広告が少しずつ変化してきているのがわかる。そばかすがあったりプラスサイズのモデルを起用したりと、自分のルックスを肯定しようという「ボディポジティブ」なメッセージも増えた。主な顧客が女性の商品から、変化はゆっくりと始まっている。トレンドに敏感な企業なら、女性の自己決定権を前面に打ち出して消費を促すやり方へと転換をはかるだろう。その点について、アメリカ型のマーケットプレイス・フェミニズム[*4]の氾濫を心配する声があることも承知している。だが、韓国のメディアに女性の多様性やウーマン・エンパワーリングが登場する割合は、氾濫どころかあいかわらず草の露レベルだ。より肉付きのいい女性、皺(しわ)のある女性、賢い女性、筋肉質な女性、権力を持つ女性……いまだに広告でお目にかかれない女性は多い。覚醒し野望を抱いたいまの二十代が決定権者の座につき、女性の観点で満足のいくアイデアやメッセージを承認していくその日まで、もう少し見守っても遅くはないはず。私たちには、より多様な女性の姿を、メディアを通じて次世代に見せる責任がある。

訳註4　マーケットプレイス・フェミニズム　二〇一六年にアメリカの作家であり編集者のアンディ・ゼイスラー（Andi Zeisler）が名付けた。「脱文脈化」「脱政治化」されたフェミニズム。セレブや消費者には受け入れられるが、社会を変革するよりも個人のアイデンティティを語る際に利用されがちとされる

断絶しないでいこう

「先輩にとって広告がそんなに大事なものだったとは知りませんでしたよ」

人脈維持（ネットワーキング）をサボって仕事を干され、しばらくのあいだうつ病に苦しんだと書いたことがあった。それを読んだ親しい後輩が意外そうに言った。店もうまくいっているし、コピーライターという職業にそれほど愛着があるとは思わなかったと。実は私も思っていなかった。これほどまでとは。後輩と同じようにずっと会社勤めをして月給なるものをもらい続けていたら違ったかもしれない。だが、バックもセーフティネットもない「アウェイ」生活を経験して学んだことがある。一つ目は、ずばぬけて外交的・社交的・能動的・肯定的でないタイプは会社を辞めてはいけないということ。二つ目は、たとえ外交的・社交的・能動的・肯定的なタイプが独立したとしても、それによる人脈やネットワークだけでは足りないということ。尊厳を保ちつつ確実に生計を支えてくれるものは、自分の「専門性」以外にないという事実だ。

会社というところは自分がいなくても回るもの。スティーブ・ジョブズだって替えはきくのである。だとしても、自分の分野と明言できるものがあったほうが断然いい。例をあげると「キム・ジナ＝広告の専門家」という単純な公式を周囲に知らしめなければいけない。実際に手掛けていることがもっといろいろあったとしても、相手の立場になって考えよう。何個もボールを投げられたら、相手は一個もまともに受け取れないだろう。この場合の相手とは仕事をくれる人だ。組織に属していたときは仕事と月給が自動的に飛び込んできたが、自分で会社を作ったりフリーランスになったりしたら仕事を依頼してくれる人、クライアントが必要なのである。そしてクライアントが仕事をよこすプロセスは、こっちが思っている以上にシンプルだ。彼らも月給をもらいながら仕事をする身。そう深くは悩まない。「こういうのが得意な人を呼ぼう」というとき、その場にいる人たちの脳裏に、あるいは検索画面に、ババババッとリストアップされる「こういうの」の専門家のA、B、Cに入っていればいい。そのうちのスケジュールやコストが見合う名の知れた存在、専門家に仕事は回る。お金が入る。そんなわけで、専門性は収入の安定と持続に直結するのである。

最初の店をオープンしてから、あまりに楽しすぎてそのことをすっかり忘れてしまっていた。一〇年以上ほぼ毎日のように残業だ、競争だ、ネタ枯れだと苦しい思いをし、広告にはほとほとうんざりという気持ちもあった。店が忙しいのを口実に広告の仕事を断りもした。どうせ稼ぐための仕事なら、もっと自由に、楽しくやったほうがいいに決まってる。広告とはオサラバだ！　辞表を書く準備ばかりしているサラリーマンと変わらなかった。一〇年以上ほぼ毎日のように残業だ、競争だ、ネタ枯れだと苦しい思いをしてどうにか積み上げた専門家としての存在感を、自分から台無しにするとも知らずに。

広告会社のＡＥ（アカウントエグゼクティブ）〔広告代理店の営業進行を担当する役割〕を五、六年務めたあとでマカロン作りに魅せられ数年修業、留学し、マカロンショップをオープンした友人がいる。Ｂ２Ｃ（Business to Customer）〔法人と消費者の間の取引〕よりＢ２Ｂ（Business to Business）〔法人間の取引〕、納品とケータリングに的をしぼって着実に成長をとげている。私との違いは専門性だ。コアになる技術があるかないか。友人は私のような「単なる社長」ではない。自分自身がパティシエ、マカロンの専門家になったのだ。就職口が少ない若者世代や労働市場から締め出された中高年世代が吹きだまっている韓国式の非専門家型自営業は、高い賃料やカードの手数料、ジェントリフィケーション、過剰競争、猫の目のように変わる流行などで、職業としての最低限の安定性も確保できない構造のままだ。三年以上生き残るのが難しいとわかっているから、そもそもはじめからインテリアのコストを節約し、打ちっぱなしのコンクリート内装で「貧乏レトロ」路線をコンセプトにするところも現れる始末。そうこうしているうちにまた専門性が失われる。テレビ番組みたいに、あのペク・ジョンウォン[*1]がテコ入れしに行ったって、全部の店は救えない。

すべての原因は不安定な雇用にある。産業構造そのものがオンラインやテクノロジー中心に変化しつつあるから、就職口の不足や自営業の危機は経済指標と関係なく悪化し続けるだろう。韓国雇用情報院の資料（二〇一八年）によると、二〇一七年の二十代後半の女性の就業率は六九・六パーセントだが、三十代後半では五六・五パーセントに落ち込む。三十代後半の女性の一〇人に三人は非正規雇用であり、その割合は五十代後半になると五〇パーセント以上になる。賃金は五十代男性の五〇パーセントしかもらえない。雇用差別、賃金差別をとっくに経験しているからこそ、女性にはますます専門性が切実な問題だ。単純労働と区別される専門性があってこそ、女性はキャリア断絶や年齢差別による低賃金の沼から自分を救うことができるのである。

最近、十代の女性と会う機会があると、「申しわけないと思わずに、最大限親のスネを齧ろう」「医学専門大学院とかロースクールまで行こう」と口を酸っぱくして言っている。できれば文系より理系、ビューティよりIT、工業大学へ行けと。伝統的に「女性がメイン」の業界ではなく、広い分野で、労働の対価を買い叩かれない女性の数を増やさなければ。性差別的な社会構造や制度を変えるのと同時に進めるべき個人の課題だ。もちろん、近い将来機械が人間にとって代わり、医師、弁護士という職業も消滅するかもしれない。だが、だからといってそれまで手をこまねいて見ているのか？　一人でも多くの女性が経済的な独立を叶えなければ。そうしてこそ女性が結婚という家父長制から離れることができる。

三十代の頃は会社の役員かなにかになってはじめて成功と言える気がしていた。しかし、組織から独立し、フリーランスとなってからは、そういう成功とは縁遠くなった。誠実で優秀な友人のように本を書いて作家の道を進むということもなかった。ま

訳註1　ペク・ジョンウォン　有名な料理研究家、事業家。格安の値段と大衆的なメニューを武器に、カフェ、焼肉、中華料理などさまざまな業態の店を韓国のみならず全世界に展開する。テレビ番組にも出演し、家庭で簡単に作れるレシピを紹介したり、大衆食堂の問題点を解決して人気店に再生するなど人気を博している

ともに実現できたことはなにもない気がして、小学校時代の恩師に会いに行くのも先送りにしていた。そんなある日、某ブランドのキャンペーンに参加しないかと誘いを受けた。慣れ親しんだ韓国の広告代理店やプロダクションからではなく、日本からのラブコールだ。それも私が世界一好きで、仕事をしたいと思っていたグローバル広告エージェンシーから！　韓国女性を対象にしたプロジェクトだから、特に私みたいな人間の助言が必要だという。イエース！　就職試験の合格通知を受けとったときのようにうれしかった。自分の専門性を手放さずに仕事をしてきたおかげで、こつこつポートフォリオを出してきたおかげで、こんなチャンスに恵まれたのだ。だから専門分野以外に英語のトレーニングをしておくことは重要である。国内の需要が冷え込んだとき、テクノロジーの進化とともに仕事の障壁が低くなる世界市場がかわりとなってくれる。

アイデアを出すのが好きだ。妙に笑えるとか奇抜なものより、時代の流れを読み、インサイトを抽出し、それを製品やブランドと説得力をもって結びつけること。それが一番得意な仕事だ。共感が重要なポイントになるバッカス[*2]のＣＭに長い間携われたのもそのせいだと思う。今回のプロジェクトでも外国人で構成された制作チームのために韓国や韓国女性への理解を助け、韓国女性をエンパワーメントできる方法を探そうと一緒に知恵をしぼっている。性認知感受性〔物事に性差別的な問題がないかを読み取り、性の平等を実現できる感受性〕レベルでの失敗を未然に防ぐことも私の役割の一つだ。やだ、私すごくカッコよくない？　このくらいなら恩師に会いに行って自慢したってよくない？　男だったら近所に自慢してまわってるレベルだって！　また忘れるところだった。そんなふうに継続してきただけでも、私はよくやった。フェミニズムを広告、マスメディアにつなげるため継続していきたい。継続しよう。それが私の実現できる成功のはず。

公職選挙法を改正して小選挙区から選出される国会議員の公認候補の五〇パーセントを女性にすることを義務化し、それが企業まで拡大されれば、現在の覚醒した十代、二十代女性のなかからどれだけたくさんの国会議員、会社役員が登場するだろう。想像しただけでも楽しい。彼女たちがそのポジションにたどりつくそのときま

訳註2　**バッカス**　韓国の有名な栄養ドリンク。一九九八年には若者をターゲットにして希望、情熱などのメッセージを盛り込んだキャッチコピー「守るべきことは守る」が大人気を博した。韓国社会が直面するイシューに声を上げてきたバッカスの広告からはさまざまな流行語も生まれた。有名人や政治家の子どもの兵役不正事件が起きた際には、軍隊行きたさに視力が悪いにもかかわらず視力検査表を覚えて身体検査に臨む男のセリフ「絶対行きたいです」がヒット。二〇〇三年に大韓民国広告大賞の大賞を受賞している。ちなみに新人俳優の登竜門としても有名で、ハン・ガイン、コ・ス、リュ・スヨン、チュ・ジンモなど多くのトップスターがバッカスの広告でデビューしている

で、専門性をあきらめず、少しでも前に進むこと。それが前の世代として私がやるべきことだと思う。女性が主に携わっている仕事、育児と両立しやすいなじみの仕事だけでなく、さまざまな分野で、女性が自分の地位と成果を生み出すべきだ。自分の遺伝子を残すのと同じくらい大事なことかもしれない。私たち、断絶しないでいこう。

ウーマンソーシャルクラブが必要

一日中会社で一緒なのに、なんで仕事が終わってまで一緒にお酒を飲むのか？　週五日べったり顔を突き合わせているのに、どうして週末まで会ってゴルフをするのか？　卒業してそれほど経っているわけでもないのに、なんでそんなに同窓会にこだわるのか？　そこそこ偉いくせして、どうして上司を「兄貴（ヒョンニム）」と呼ぶのか？

会社にいた頃、そうした疑問は本当に知りたいというよりは「理解不能」の領域だった。つるんで遊ぶのが好きな男の単なる習性みたいなもんだろうと高をくくっていた。もちろん、そうやって親しくなろうとする目論見（もくろみ）が社内政治の一環だとはわかっていたが、当時はまだ企業の合理性を信用していたのだ。なんだかんだいっても、組織は実力のある人間を見抜き、チャンスを与えるはずだ。男女に関係なく、利潤の最大化を追求してるわけだから！　そう思いたかったこともある。自分の性格上、人脈管理は強みより弱みになるとわかっていたから。

「だったら仕事でもっとがんばろう！」

弱点をカバーしようと躍起になるより、長所を伸ばすほうがはるかに早くて効果的だとマーケティングの本かなにかで読み、ますます気を大きくした。何より、女は自分の思い通りに人脈や派閥を構築できないことが大きかった。組織の内外を問わず力のある人間、役員レベル、チームリーダーレベルから所属するチームのメンターにいたるまで、大部分は男性だった。彼らを相手に女性社員の私が社交的にふるまえば、それは別のシグナル、つまり「青信号」と誤解される確率が高い。せいぜい会食だけ熱心につきあったとしても問題が起きる可能性はあるのだ。男が権力を持っている場合に男女でどんな上下関係が生まれるかは、わざわざ安兌根(アンテグン)元検事の後輩検事に対するセクハラ、[*1] 安熙正(アンヒジョン)前道知事の秘書官に対する性暴力事件[*2]を例にあげなくても、女性は経験上すでに知っているだろう。私もやはり社会人一年生のときに、役員とチームリーダーという二人の既婚男性から同時に言い寄られる事態になり、それからは余程のことがなければ「ボーイズクラブ」のドアをノックしないようになっていた。

だからこそ同性の先輩、同僚との連帯が切実な問題だったのに、実際は女性に与えられるポストが多くないなか、互いに牽制（けんせい）しあう空気が充満していた。内部での競争が激しい広告代理店の特性もあったろう。引っ張ってくれるくらい影響力のある女性役員もいなかった。コンペや残業の日々で妊娠や出産、育児と格闘していた同僚の女性は一人、また一人と姿を消した。席を守っていた先輩は晩婚、体調不良、名誉退職の三つのうちのどれかを理由に去っていった。就職するのはあんなに大変だったのに、退職はあきれるくらい簡単だった。四十を過ぎるまで生き残った真のスーパーウーマンは、残念ながら女性より男性のメンバーに目をかけて育てていた。怪物と闘ううちに自分も怪物になるみたいに、男性中心の組織で闘っているうちに名誉男性になってしまうことがある。その場合でも役員への昇進は難しかった。周りのさまざまな

訳註1 二〇一八年一月、地方の女性検事だった徐志賢氏が、過去に法務部幹部職員だった安兌根氏からセクハラを受けたことを検察内のインターネット掲示板で告発。ニュース番組にも出演して経緯を公表した。この告発により、韓国の#ＭｅＴｏｏ運動が勢いを増した。特に文化芸術界からの告発が相次ぎ、演出家イ・ユンテク、詩人コ・ウン、映画監督キム・キドク、俳優チョ・ジェヒョンなど二〇人ほどの著名人が加害者として名を挙げられた。また同年の四月にはソウル・蘆原区（ノウォング）の容華（ヨンファ）女子高校を皮切りに全国的な「スクールＭｅＴｏｏ」運動が始まり、生徒だけでなく一般市民からも支持が集まった

訳註2 忠清南道知事であり、大統領候補との呼び声も高かった安熙正は、二〇一七年から複数回、元秘書の女性に性的暴行を加えていた。元秘書は二〇一八年三月にニュース番組に出演し、現職知事のセクハラを実名告発。知事は辞職に追い込まれ、二〇一九年に懲役三年六カ月の実刑が確定した

事例を目にしているうちに、ある瞬間、目的のハッキリした人脈管理からは手を引くようになった。これは私が得意な分野じゃない。

他方、男たちはというと、それこそ水を得た魚だった。会社員をしていて衝撃だったことの一つは、男が本当によく愛嬌をふりまくことだ。少し酒が入ると男性上司の前でガールズグループ顔負けの愛嬌を見せる。まったくそういう感じじゃなかった人までもが、兄貴相手のスペシャルな技を一つや二つは隠し持っている。女は目に入っていないらしかった。自分の常識が覆される場面の連続に、私は笑顔半分苦笑い半分でやりすごしていたが、いま思えばまったく笑えない話だ。兄貴のみなさんにかわいがられるのに必死という次元を超え、人生のほろ苦さ、生きていくためにつまらないことをしているという自己憐憫、罪悪感までもが共感となって広がり、最終的には互いをかばいあって傷を舐め合うというあの感じ……そういうのが愛ってわけだ！　男が心底認めて愛せるのって男なんだ！　くだらないと思っていた男同士の遊び。人脈の「管理」という次元を超えて、公的な関係を私的な交流で埋め尽くすこと。それこそが男性連帯のコアだった。ゴルフ場で、登山道で、三次会の飲み屋で、サウナで、高級クラブで……会社の重要な決定は、実際は社外で、勤務時間外に下される。

私が信じていた「合理的な企業」はそういう決定で回っていた。

このプロセスに、女は交ぜてもらえないどころか、対等な競争相手としても認識されていないと思ったほうがいい。男たちは自分たちでイス取りゲームをすればそれで十分と思っているから、女性の構成員などそもそも重要な要素ではない。入社前から勝ち逃げしていい存在、結婚して子どもを産んだら勝手に消えてくれる引き立て役だ。たとえ自分の妻には育児と仕事を両方うまくこなす万能ロボットになることを望んでいても、である。そういうなかでも執念を燃やして生き残り、チームリーダー級とはいえ居場所を確保した女性は、目障りな公共の敵扱いされる。その件についてだけは反目しあう男たちまでもが大同団結、彼女がチームリーダーより上に昇進できないよう妨害作戦を繰り広げるのである。いじめ、攻撃、裏切り、罠など、ありとあらゆる作戦が総動員される。愛嬌をふりまくだけじゃない。私が目撃した男たちの妬み嫉みは舌を巻くほどだった。

「仕事を振るとき、デキる人より仕事しやすい人を選ぶもんだよ」

最近になって、ずっと昔に同期の男性から言われたことがよくわかる。この文句は「デキる女より仕事しやすい男を選ぶもんだよ」と置き換えてもかまわない。仕事がしやすい、というのは気兼ねなく親しくなれるという意味だ。ドライに仕事だけ一緒にやっていては親しくなれない。仕事以外に一緒に飲みにも行くし汗も流す。長いつきあいを重ねたスキンシップがあってこそ親しくなるというもの。ここでもう一回思い出してみよう。仕事を人に振れるレベルのポジションにいるのはだいたいが男。人脈管理がいま言ったような「長いつきあいを重ねたスキンシップ」なら、果たして女性に勝算はあるだろうか？　むしろリスク負担しかないんじゃないか。仕事を振るのが女だとしても、多くの場合、女より男が信頼される。

組織の中だけでなく、組織の外でフリーランスとして仕事をするときも、状況はあまり変わらない。特に女性のフリーランスの場合、資格証があるような専門職やごく少数の業界内有名人でもないかぎり、仕事のほうから勝手に飛びこんでくることはない。また、相当顔が広くて社交的な性格でないかぎり、お金になる仕事を取ってくるのは大変なことだ。収入を維持するために安い仕事をいくつもこなし、人生の質や体力が低下しがちになる。それでも「苦手な人脈管理をするくらいなら質のいい仕事をしていこう！」とがんばっていたフリーランスの女性は、やがてキャリアを重ねるほどに仕事が減っていくという不可解な現象に遭遇する。どうして？　私がなんかミスした？「ネゴ」をしなかったから？　そう自分を責める必要はない。クライアントはある時点から、もはやおとなしく言うことを聞いていないこちらに代わる、安く使える若い女性フリーランスを探しているだけなのだから。そんなこんなで四十を境に、女性はずっとやってきた仕事までもが不安定になる。一方、男性のフリーランスは、堅固な男性連帯をベースに四十から全盛期に突入する。二十代、三十代の女性がフリーランスの最前線に飛びこむときよく見落とされがちなことだが、女性は平均寿命こそ男性より長いだけで、フリーランスとしての寿命ははるかに短いのである。

　これが、ウルフソーシャルクラブで「Ctrl+F+ting（コネフティング）」を開催することにした背景だ。ウルフは通常、カフェ＆バーの形態で運営されているが、解決すべき社会的なイシューがあるとき、あるいは共有すべき出来事があるときに随時ソーシャルプログラムを実施する。空間を作ろうと決めた段階から、女性のさまざまな声を集めて発信していくことは目標の一つだった。「コネフティング」はショートカットキー「Ctrl+F」にミーティングの「-ting」を組み合わせたネーミング。「F」は女性Female、フリーランサーFreelancer、探すFindをかけている。つまり「女性フリーランス同士が、さまざまな分野で活躍するお互いを探しだす出会い」である。

雇用の悪化、労働市場の流動化で非正規雇用、契約職、外注、請負など、不安定な雇用形態の労働は増加している。歩調を合わせるように、個人創作者、フリーランスの数も急激に増加中だ。ソウルに集中するフリーランス人口は男性より女性の割合が高い。女性のほうが正社員として採用されにくい現実を反映している。組織の外で一人で仕事をする女性フリーランスにとって、不安定な収入と同じくらい問題となるのが社会的な孤立だ。所属組織がないということはつまり、同僚がいないこと、ネットワークがないこと、一番前で自分を守ってくれるスクラムを確保できないことを意味する。それは仕事の打ち切りや不合理な処遇と直結する。バラバラで組織化が難しい異業種の女性フリーランスが一堂に会するのはどうだろう？　それぞれの仕事を知り、コラボを探りながら、同僚となるお互いを「発見」するというのはどうだろう？

フリーになった自分がぶち当たった現実や悩みが出発点だった。だが、企画から実現まで一人でやりきるのかと思うとなかなか腰が上がらなかった。どんなにアイデアがよくても実行力が伴わなければ無意味であることは、経験上いやというほど知っている。そんなふうにしばらくぐずぐずしていたが、友人の「なんで自分で全部やろうとするの？」という言葉でパッと目が覚めた。そうだ。なんで自分一人でこなそうとしていたんだろう？　これこそ他の人と一緒にやるべきでしょうが！　すぐにSNS上で注目していた二人のフリーランスの女性に助けを求めた。デザインスタジオ「今日の風景」を運営するグラフィックデザイナーのシン・イナと、写真やイラスト、映像など多彩なメディアで記録作業を進める作家のチョン・ソヨンが合流。それぞれの領域で活動する三人のフリーランスが集まってシナジー効果が生まれ、思いつきでしかなかったアイデアが練り上げられ、もちろんスピードもアップした。

オンラインでイベント告知を始めると、すぐに熱い反応が寄せられた。予想通り、女性フリーランサーの数だけ飢餓感も大きかったことがわかった。またたくまに集まった参加希望者から、分野のバランスとキャリアを基準に二〇人を選んだ。「新しい仕事！　大きい仕事！　稼げる仕事！」のスローガンのもと、単に親睦を深めるというよりも「誰が、どんな分野で、どんなことをしているのか」のアピールに焦点を合わせた計画だった。自分とは別の才能を持つ同僚が見つかれば、一人では難しかったプロジェクトが可能になる。それこそが「コネフティング」の真の目的だからだ。グラフィックデザイナー、ウェブデザイナー、映像デザイナー、家具デザイナー、コンテンツプランナー、イラストレーター、翻訳家、写真作家、コピーライター、俳優などの参加者に、自分の仕事内容がわかるものを用意してきてほしいと頼んだ。

二〇一七年七月十四日の午後のひととき。ウルフソーシャルクラブはフリーランスの女性たちでごったがえしていた。初対面だから、はじめこそぎこちない感じではあったが、「三分ピッチング」が本格的に始まると雰囲気ががらりと変わった。自分の手による、あるいは自分の参加した作品を画面に映して、三分間でキャリアと能力、関心分野、コラボが必要な分野などを精一杯アピールする。それがコネフティングにおける「三分ピッチング」のポイント！　普段はなかなか顔を合わせることのない異業種のフリーランスの仕事を一つひとつ見て聞いていくうちに、空間は次第に熱気を帯び、終わる頃にはまるで昔からの知り合いみたいに自然に接することになった。関心を持った参加者に自分から近づいていって名刺を渡し、その場でコラボの相談も始まる。「三分ピッチング」を通じて得られた信頼感、親密感のおかげもあるが、女同士だったから可能なことでもあったと思う。はじめての女性フリーランスのネットワーキングパーティ「コネフティング」は、そんなふうに気兼ねなく、気持ちよく幕を閉じた。

以来、参加したフリーランスから自分の仕事を共有したいという連絡が入るようになった。そういうときはウキウキしながらSNSにアップして共有する。お互いがお互いのPRウーマンになるというやり方だ。一番うれしいのは参加者同士でコラボしたという話を耳にしたとき。もっと安定した仕事を発注され、きちんと対価をもらえるよう、公的企業かなにかと実力のある女性フリーランサーが直接マッチングされたらどんなにいいだろう。性差別や性暴力のない、女性向けの労働安定政策として可能性があるのではないだろうか？ もっともらしいことをいいながら実際は大衆食堂の店長みたいな二十代の零細自営業ばかり生み出している若者スタートアップ〔韓国政府は雇用創出政策の一環として革新的な技術やアイデアを持つスタートアップ企業への創業支援などを積極的に行なっている〕や地域再生をやるばかりが能じゃないはず。ここにこそ、政府の支援や関心を必要とする場がある。

そういうことを要求して勝ち取ろうとしたとき、どんなに優秀でも一人の力では無理だ。女性は女性を探し、女性とつながらなければ。鉄柵をめぐらしたボーイズクラブに対抗するとき、ウーマンソーシャルクラブほど効果的なものはないだろう。組織の中でも外でも同じ。「女性はネットワーキング力がない」という言い方は、女のネットワークができることを恐れる側のレッテルにすぎない。私たちはあまりに長いあいだ群れてはいけないと妨害されてきたし、いまもそれは続いている。二〇一八年、男子大学生が民主主義の手続きである投票制度を借用して総女子学生会の廃止に追い込んだことを思い出そう。[*3] 解体や分散を叫ぶ声が露骨であればあるほど、私たちの連帯の意志は強くなる。女性デザイナー、女性イラストレーター、女性ゲーマー、女性IT人材、女性スモールビジネスオーナー、ラディカルフェミニストなど、それぞれの分野での女性の集まりは、いま、かつてないほど活発に組織化されている。これこそ希望だ。女性の連帯を実現することは、女性たちの物語をきちんと読みとることと同じくらい訓練と実践が必要なことであり、先送りのできない今日(こんにち)の課題だ。新しい仕事、大きな仕事、稼げる仕事のために、そして解放・共存・尊厳のために。私たちは必ず「コネクティング」するべきなのだ。

訳註3　総女子学生会の廃止　かつて男子学生が圧倒的多数だったことから、女子学生の権益を守るため、各大学には「総女子学生会」が置かれていた。民主化運動のなか女性の権利を守るための自衛組織でもあったが、二〇一八、一九年のあいだにソウルにある大学が相次いでこの組織の廃止を決定した

政治をしましょう

「自分の味方を作りましたよね」

変化の激しい広告業界で二〇年仕事を続けているクリエイティブ・ディレクターの女性に、キャリア継続の秘訣を訊いたときの答えだ。秘訣というほどもない、ごくあたりまえの常識。でもそれを聞いた瞬間、私はどこかに身を隠したくなった。明らかに自分がしくじった部分だったからだ。

「いつもうまくはいかないでしょ。トラブルになったり、上とちょっともめたりしたときでも、周りに〈でもアイツはいいやつだよ〉って言ってくれる人がいないと。味方がいてこそ危機を突破できるんです」

私は正反対に近かった。仕事ができるから、自分一人の実力で突破できると思いこんでいた。野心満々のくせにアタマの柔らかさが足りない感じ？　一言でいえば、政治的になれなかったのだ。人は政治を嫌う。誰かさんは政治的だと言われると、否定的な評価だと受け取る。自分を含むみんながそうだと思っていたが、実は違った。ほとんどの男性は自然に政治を受け入れている。まるでオナラとか老化のごとく避けがたい現象のように。

強きを助け弱きをくじく？　力を持つ者にすりよる？　そういうのは政治の本質ではない。「政治」の辞書的な意味は「権力を獲得し、維持しながら、それを行使する活動。人間らしい生を営むため、相互の利害を調節して社会秩序を正す行為」だ。これがなければ大ごとだろう。間違っているのは政治を汚した側であって、政治に罪はない。なのになぜ私は「社内政治」をあんなに否定していたのだろう？　なぜあんなに「派閥（ライン）」に拒否感を抱いたのだろう？　政治そのものが道徳的欠陥だったり、根深い悪というわけではないのに。

会社にいたとき、私はひたすら個人プレーにこだわった。女性、男性のどちらも私の準拠集団〔個々人が物の見方や考え方、判断のよりどころとする集団〕とはなりえなかった。女たちは社会人生活でああなっちゃいけないという克服対象、男たちはいつ攻撃してくるかわからない警戒対象だった。仕事はできたから誰にもぞんざいに扱われなかったかわり、引っ張ってくれる先輩も支えてくれる後輩もいなかった。味方になってくれる人のいない状態。群れから離れたライオンは、もはや脅威ではない。

自意識が高くて独立独歩の女性が陥りがちな罠だ。しかし、自意識が高くて独立独歩の女性にとって、身を守るために最も重要なのは安定した経済活動が続けられることである。孤立は致命傷だ。飼い猫をゴロゴロいわせながら家にこもっていたい気持ちはわかるが、他でもない自分の利益と生き残りのため、長期的、かつ戦略的に自分の味方を作らなければ。女性にとって政治こそ選択科目ではなく必須科目なのである。現在四十代、五十代の女性には「女性たち」が自分の準拠集団にならない可能性が高いかもしれないが、十代、二十代はそうではない。フェミニズム・リブートを経て、女性としてのアイデンティティと連帯をともに築きつつある彼女たちは、チャンスも未来も女性のなかに見出すことができる。女たちが互いの味方になりあう女性の政治が可能なのだ。

政治という言葉が重すぎるようならソン・ウニのライン、彼女と一緒にチャンスを作りだしている女性コメディアンたちを思い出してみよう。[*1] とびぬけて社会性や社交性がなくたって大丈夫。ダメなのは、全員と無理やり親友になろうとするやり方だ。

「あなたに敵対心はない」というシグナルだけたまに送るぐらいの距離感でも、意外と関係は続くものである。そんなふうにして最も大切な自分のエネルギーを節約し、うまく配分してこそ、仕事も関係も持続可能になる。

好みや性格が合わないからと関係を切っていると、結局は周りに誰もいなくなることを肝に銘じておこう。神経が図太くない女性はよく自分から身を退いて孤立する。それこそ組織の思うツボだ。不当なことを放置してはいけないが、少々の違いくらいは目をつぶる寛大さも必要なのだ。自分も含めた女性のパイを守る、という共同目標だけ共有できれば、同じチームになれる。

二〇一八年末、私はアメリカ大使館の推薦でＩＶＬＰ（International Visitor Leadership Program）の参加メンバーに選ばれた。プログラムのテーマは「Women in Entrepreneurship（女性起業・事業家）」で、私はフェミニズムを掲げたスペースを運営する代表として参加した。五三カ国の女性リーダーとともにアメリカのいくつかの都市を回り、テーマに関連する機関や企業、コミュニティを訪ねた。ワシントンの公務員や各自治体の関係者はもちろん、女性実業家、ボランティア、学生にいたるまでさまざまな人と出会えた機会だった。アメリカの中央政府と各州の関係、どんなふうに起業支援が行なわれているか、エコシステムはどう働いているかといったことをこの目で確かめるのは興味深かった。だが、何より新鮮だったのは、五三人の女性と丸三週間いっしょにいるという体験そのものだ。

教育産業のCEO、アップサイクル〔Upcycle。不要品にひと手間を加えてまったく新しいものを生み出すこと〕企業のCEO、エコシステムディレクター、ソーシャルベンチャーマネージャー、スタートアップインキュベーター、フリーランサーの組合の代表、私のようなスモールビジネスのオーナーや小さな街の市長まで、国籍や文化は違っていても「働く女性」という共通点が一つあればそれで十分だった。集団行動に慣れていない私でさえ、女性の社会的地位の向上や経済的独立という同じ目標を掲げる人々の中にあっというまにとけこんだ。一緒にアメリカのシステムの底力をうらやみ、限界を指摘し、アイデアを学んだ。ここでの体験をどう自分たちの仕事に結びつけるか、たえず話しあった。異なる分野の専門

訳註1 ソン・ウニは会社を設立してから女性コメディアンとのコラボに注力した。キム・シニョン、シン・ボンソン、アン・ヨンミとの四人で構成されたガールズグループ「セレブファイブ」、キム・スクと組んだデュオ「ダブルV」で歌手活動を行なう一方、キム・シニョンのサブ・キャラクター「キム・ダビおばさん」の音楽活動を制作者としてサポートし、大成功へと導いた。いまは「セレブファイブ」メンバーの全員とキム・スクがソン・ウニの会社に所属し、幅広い活動を行なっている

家が一カ所に集まっているから、得られるリソースの幅広さといったらなかった。これがつながったらどんなインパクトを生み出せるだろう。

そのうちの何人かとは本当の友だちのように仲良くなり、自国に戻った現在、一緒にグローバルプロジェクトを構想中だ。計画通りなら二〇一九年の秋にはフランス、ボルドーでロシア、ルーマニア、フランス、コロンビア、韓国の女性リーダーが企画・進行する初のグローバルブートキャンプが開催される予定である。女性起業家に不可欠なファイナンシングとネットワーキングの資源を短時間で集中的に提供するプログラム。複数の国の女性たちが精神的、物理的な国境を乗り越え、自分たちの「経済領土」を拡張できるプラットフォーム作りが目標だ。自分たちがあじわった貴重な経験と支援を他の女性にも経験してもらえると思うと、いまからワクワクする。IVLPの仲間とともに私の領土も広がっている（その後、二〇二〇年開催を目指すも、新型コロナウイルス感染拡大のため中止となった）。

女性嫌悪から抜け出したら次は政治嫌悪から抜け出さなくては。「女も自分の派閥を作ることが必要」というテーマに「男になりたいのか？　がっかり」的な反応を見ることがある。いまに始まったことじゃない。社会が強要する女性性、性的対象化に抵抗しようと、ショートカットにして楽な服を着た女性たちも同じ反発にあった。男になりたいんじゃない。男の側に傾きすぎた力のバランスを正す運動、ムーブメントなのだ。「牽制を受けない権力は腐敗する」という言葉は、男性たちの連帯に対してもあてはまる。いま明らかになりつつあるウェブハードカルテル[*2]、レイプ薬物カルテル[*3]などは腐敗した男性権力の残滓だ。この不当な取引を、当の男たちが自分たちの手で終わらせられるだろうか？　女性議員を支持し、女性関連法案の通過を求め、女性たちはそれぞれの場所で牽制勢力になるべきだ。一人ぼっちでは脅威になれない。ラインを作って勢力を伸ばそう。まずは自分から、引っ張りあげる先輩、支えてあげる後輩になろう。女性の労組を作ろう。私たちは互いが互いの味方なのだ。

訳註2　**ウェブハードカルテル**　二〇一八年、盗撮などの不法な手段で撮影された女性の性的な画像がネット上で売買されていたことが判明した。背後にはウェブハード業者、フィルタリング業者、動画や画像の削除業者から成る利益集団が存在していた

訳註3　**レイプ薬物カルテル**　芸能人らが利用する高級クラブ「バーニング・サン」で、客、店、店員が示し合わせたうえで女性にデートレイプドラッグを飲ませレイプするという組織的な犯罪が発覚。さらに、盗撮された性行為の動画がシェアされていた。この事件をきっかけに、デートレイプドラッグが江南のクラブを中心に出回っていることが明らかになった

オオカミ女のために

「男はみんなオオカミだ」

韓国の娘たちは、人生で最初に出会う男である父親からでさえ、そんな脅し文句を聞かされて大きくなる。父親は、自分の同僚や後輩の男たちを変えるよりも自分が柵で囲う女たちを取り締まる。家庭だけではない。学校、メディアなんかも同じだ。男は手なずけられない存在、注意しなければならない捕食者だと直接・間接的に描き出す。男の本能は広く理解され、しょっちゅう免罪符を与えられる。女はそういう事例を見ながら成長し、男の暴力性とあわせて女の弱者性も自然に受け入れることになる。たとえ冗談だろうが悪口だろうが、一度広まった言葉には呪いの力があるのだ。

ウルフソーシャルクラブの「ウルフ」を、みんなよくオオカミだと受け取るらしい。それもそのはず、ロゴにはオオカミのイラストがあるから。でも「O」が一つ多いですよね？　スペルを間違ったんですか？　そう質問してくるお客さんもいる。「ウルフ」は、イギリスの代表的なモダニズム作家であり、フェミニズムを語るうえで欠くことのできないヴァージニア・ウルフにちなんだ名前だ。だがチェ・ゲバラの顔写真みたいにさんざん使いまわされたウルフのポートレートを使う気はなかった。かわりに、同音異句のおもしろさを利用したらどうだろう？　韓国男子に奪われたウルフ、オオカミを奪い返すのだ！

人類史上初の女性の名前「エバ Eva」が「オオカミ Vae, Woe」から派生したことを知ったのは、詩人で心理分析家のクラリッサ・ピンコラ・エステス Clarissa P. Estés の本『狼と駈ける女たち』〔『Women Who Run With the Wolves』邦訳 原真佐子、植松みどり、新潮社〕を読んでだった。

健康な狼と健康な人間の女はある種の心的な特徴を共有しています。鋭い感覚、戯れ心、それに高度な献身性です。狼と女はその本性、好奇心、たいへんな忍耐心と強さをそなえている、という点で関係が深いのです。ともに鋭い直観力があり、子どもや連れ合い、群れに対する深い思いやりがあります。つねに変化しつづける状況に適応するのがうまく、きわめて頑強で、とても勇敢です。

それなのに、ともに貪婪で邪悪で、過度に攻撃的だと誤解され、責められ、そう非難する人たちより劣等だときめつけられ、悩まされてきたのです。原生林ともども、魂の荒野を一掃して、本能的なものを根絶し、その痕跡も残すまいと決めた人たちの攻撃目標にされてきました。誤解する者たちが狼と女に加えた掠奪(りゃくだつ)行為は、驚くほどよく似ているのです。――『狼と駈ける女たち』

激しく同意してしまう。かなり昔から、女性のなかのオオカミ、女性の女性的な自我は、抑えこんで矯正する対象だったのだ。女性の野性が目覚めることを恐れる者たちは、とうとうオオカミという言葉まで奪ってしまった。韓国で女性は、バカ正直でスリムな熊、淫乱なキツネ、臆病なウサギ、釣った魚など、相手を脅かさない動物にばかり譬(たと)えられている。結婚していない三十代女性はさらに「負け犬」とまで呼ばれる。じゃあ結婚した女性は？　勝負に勝ってご主人様の愛を受ける犬扱いだ。女性のペット化はデフォルトである。

グーグルで「お嬢さん(アガシ)」と検索したとき、風俗店より先に映画のイメージ画像が上がってほしいと、パク・チャヌク監督が映画のタイトルを『アガシ』〔邦題『お嬢さん』〕にしたというエピソードは有名だ。私もやっぱり、男に奪われたオオカミを取り戻すひそかな逆転をねらいたかった。そんなわけで誕生したのが現在のロゴだ。『狼と駈ける女たち』を読んだお客さんなら、読んでいなくてもウルフソーシャルクラブの本棚でその本を発見したなら、ロゴのオオカミの意味がわかるよね？　二五坪にもならない小さな店ではあるが、空間にひそむストーリーをお客さん自身が探りあてられるよう、あちこちにヒントを隠してある。みんなが先を争ってわかりやすいほうへとレベルを下げ、刺激的で露骨なやり方で声を張り上げれば張り上げるほど、私は逆を目指したかった。

「外に飛び出した自分ひとりの部屋」というコンセプトで作った空間ではあるが、店名や看板にはあえて「フェミニズム」を入れなかった。そのかわり、足を踏み入れた瞬間「More Dignity Less Bullshit」というスローガンが目に入るようにしている。この場所にとっても私の人生にとっても、Dignity、「尊厳」はリアルなキーワードだから。女性が国家や宗教、制度、慣習のどれにも従属せず、独立した自我として、尊厳をもって存在すること。それが女性主義でなくてなんだろう。簡単でお手軽で気楽な方法を求め、いわゆる「おいしい」目にあいたいと思うこと、柵の中で飼いならされたいと思うことこそ、自分の中の野性と尊厳、どちらをも殺してしまう「毒」なのだ。女性が自分から制度や慣習の中に歩を進めるよう促す、毒リンゴのような誘惑。実体のないその誘惑といまも闘い続けている私自身、Dignityは毎日噛みしめている言葉だ。私を含め、生涯にわたって洗脳されてきたという「半人前感」と闘う女性たちに贈りたいメッセージでもある。

心に残り、ここにまた来たいと思ってもらうには、意識の高さや気の利いたフレーズだけでは足りない。インスタ映えするインテリアもさほど効果は続かない。多少の違いはあっても似たような方向を目指す人たちが自発的に集まり、定期的に癒しのひとときを過ごしてくれるようになるには、コンテンツそのものが最優先だ。たまに「コネフティング」みたいなソーシャルプログラムをやってはいるが、なんといってもウルフソーシャルクラブはカフェである。だったらコアになるコンテンツは「味」でなければいけない。すでに飽和状態のカフェ市場で生き残るためには、空間のメッセージに賛同する中心的だが少数の顧客以外に、たくさんの一般客を確保することが大事だ。それでこそ収益が上がり、存在し続けられるのだから。

流動人口が多い繁華街でもなければアクセスがいい商圏でもないここ、北漢南洞（プクハンナムドン）まで喜んで訪ねてもらえる魅力的なアイテム。スターバックスコーヒーやポールバセットみたいな大手のフランチャイズではあじわえない体験が必要だった。だから、パティシエやバリスタ出身でない私が最初にしたのは人探しだ。一緒に仕事をしたい実力の持ち主であり、ウルフソーシャルクラブのオープンを知って喜んで合流してくれたバリスタのハン・スンヒをはじめ、心のこもった個性あふれるパイ作りが得意なパティシエのファン・ミエ、それにバイトの学生まで全員女性にした。広告業界で仕事をしていた頃は、自分の性格からいって男性と仕事をするほうがずっとやりやすいと思いこんでいた。実際、デザイナーにCM監督、編集室長、録音室長、プロデューサーなどなど、ほぼすべての職種において男性を信頼していた。彼がすでに売れっ子だったから？　優秀だと業界で評判だから？　マナーがいいから？　自分が内面化していた男性優位的な思考以外、さしたる根拠はない。自分が女性のくせに、なぜこの業界に室長級の女性はいないのか、女性と仕事をするべきではないかという疑問を持つこともなかった。

カフェを運営して三年目。一番ありがたいのは、いまさらながら女性と仕事をする喜びを知ったこと、素敵な同性の同僚を得られたことだ。疑問を引っ込めて女性の能力とバイタリティを信じてみたら、精神的な負荷はもちろん、肉体労働の負荷までものすごく軽くなった。男性と仕事をするときとは比べものにならない心強さだ。みんなのアイデアとスキルで、バタークリームヘヴンラテ、キーライムパイといったウルフソーシャルクラブならではのレパートリーが生まれた。空間を意味づけしたのは私だが、毎日命を吹きこんでいるのは女性の同僚たちの力だ。今後もスタッフは無条件に女性を選ぶつもりである。これは絶対に逆差別じゃない。人生の半分を男性崇拝の中で生きてきた人間だったら、残りの人生くらい「無条件に女性支持」をやってこそ、ある程度バランスがとれるってものじゃないか。

いまこの文章を執筆しているあいだも、梨水駅(イス)近くの居酒屋で、女性二人と男性五人の暴行事件が起きた。女性が化粧をせずショートカットであることが公の場所でからかいや暴力の対象になったこの事件は、二〇一六年の江南駅殺人事件以降も何も変わっていないこと、むしろ女性への抑圧と憎悪がより日常化したことを明らかにしたという点で衝撃的だった(この事件は裁判となり、二〇二〇年の二審判決では女性A氏が侮辱罪で罰金二〇〇万ウォン、男性B氏が侮辱罪と傷害罪で罰金一〇〇万ウォンの支払いをそれぞれ命じられた)。このニュースに接した女性たちは「長い髪なら性暴力を受け、短い髪なら暴行される」と憤っている。普段地下鉄の中でフェミニズムの本を読むとき、あるいはカフェで性差別について話すとき、「こんなことをしていると誰かに追いかけられて酷(ひど)い目にあわされるのでは？」と気がつけば萎縮してしまう。そんな告白はあとを絶たない。

「ここでは思うぞんぶん話せてうれしい！」

ウルフソーシャルクラブへの感想のうちの記憶に残る一つだ。ここならば安全だという信頼。実際、身の危険を心配したり人目を気にしたりせずに怒り、議論したいとウルフソーシャルクラブにやってくる人は少なくない。裏を返せば、ウルフソーシャルクラブの外の世界はそうではなく、ほとんどが安心できない空間ということになる。女性に自己検閲を求め、見えないヒジャブを身につけさせる暴力性が空気中に漂っている。自分と似た誰かと会いたくて、互いの安否を確認して勇気をふるいおこしたくて、わざわざ遠方から多くの女性が訪れるという事実は、うれしい半面悲しい。怒る権利、着飾らない自由は、ウルフソーシャルクラブ以外のすべての場所でもあたりまえでなければならない。

その権利と自由を抑圧されなくなる日、これ以上女性の分のパイを返してくれと声を上げなくてもよくなる日、どこの食堂や居酒屋に行っても思う存分語り合える日、もはやウルフソーシャルクラブが必要ではなくなるそんな日を想像してみる。どうか、おばあさんになる前に現実となりますように。次の世代に、反省文のかわりに武勇伝を聞かせられますように。その日まで、女らしい優しげな言い方では話さない女性、男性カルテルに許容される女性像を拒否する女性、野性と尊厳を失わないオオカミ女たちのための連帯の場を守っていきたい。

推薦のことば

『私たちにはことばが必要だ　フェミニストは黙らない』『失われた賃金を求めて』著者

イ・ミンギョン

本のはじめのほうでちらっと触れられていたが、「〈非婚〉者のすみかは家となりうるか」というテーマで討論した日のことを思い出すと、胸の奥に闘争心やしみじみとした連帯感がこみあげてくる。漢南洞のキム・ジナの存在が心の支えになっていると いう人間は、私だけではないだろう。著者が本書で告白している、中産階級の白人女性と自分を同一視した「主体的クールガール」というのとは少しトーンが異なるが、この流れで告白してしまうと、私も「いい娘コンプレックス」から抜け出せなかった。そしてこの場を借りて言ってしまうと、私はオンライン、オフラインを通じて季節ごとに髪が短くなっていく著者の姿を見るのが楽しく、カッコいいと思っていた。私も著者同様、季節ごとに髪を短くし、女性として生きるのではなく自分自身であることをあきらめない女性の側に立っている。

全州(チョンジュ)市の講演会で、男性に向けていた愛情を同じ女性に向けようと戦略を練り、そこに妥協の余地などないと女性たちと語りあった帰り道。いま、列車の中で著者の文章を読みながら、私たちは異なる人生の軌跡を経ながらも同じ場所で同じものを擁護し、自分と互いを守りあっているのだと感じる。女性のなかには、自らを直視して労(いたわ)ることができずに、人生の一時期を他人に捧げ、自分を苛(さいな)む道を選ぶ人がいる。それを愛と呼んでいた女性たちが自分自身を愛し、同じように他者を愛するようになったら。自分のパイを犠牲にするかわりに、他の女性のパイを守る闘いを盛り上げようとしたら。愛と道徳と平和と野望は、何ひとつ欠けることなく一つの場所に収まると信じている。事実、私にとってはキム・ジナが作りあげたウルフこそが、まさにそういう空間となっている。キム・ジナの、そしてその隣にいるすべての女性たちの、さらなる戦果を祈っている。

日本の読者の皆さんへ

この本を執筆しているあいだ、少し早い回顧録を書いている感じでした。「四十あたりで遅ればせながら女性主義に目覚め、男性への愛が減ったぶん女性への憎しみも少なくなった。それだけでも十分事件だ。〈女の人生四十から〉と大口を叩きはしたけど、これ以上私の人生に、本を出すような出来事は起きないだろうな」

結論から言うと、私の予想は外れました。初エッセイを刊行してから二年というあいだ、私は、ネットフリックスオリジナルのドラマになってもおかしくない人生を送ることになったのですから。ジャンルはなんと政治ドラマ。さらに驚くべきは、そのドラマの登場人物が一人残らず女性だということです。女性だけでハッシュタグを使った運動を展開し、デモをやり、国民請願[*1]を出し、あげくの果てに女性の政党「女性

訳註1　**国民請願**　文在寅（ムンジェイン）政権発足とともに始まった制度。国政での懸案事項について、国民が青瓦台（チョンワデ）のホームページに書き込んだ意見が三〇日間で二〇万人以上の賛同を得た場合、政府および青瓦台の責任者は返答をしなければならないとするもの。賛同が増えれば記事になることも多く、意見を可視化する手段として使われることも多い

議党」を立ち上げるというスペクタクル。この本の終わりから今に至るまで、それは続いています。ちなみに私は、この本に書いた「政治をしましょう」という文章を純粋に実践するため、キャリアとはまったく無関係の政党活動に身を投じました。そして二〇二一年四月七日、「威力による性暴力事件」を引き起こした前ソウル市長の自殺に伴うソウル市長選挙に出馬し、候補者一二人中四位につけました。二十代女性の一五・一パーセントが、自分の票が「死票」になることを知りながらも、二大政党ではない私のような少数政党の女性候補に票を投じてくれた結果でした。

そのとき、誰かが親切にも選挙期間中の候補者討論会での映像に日本語字幕を付け、SNSで共有してくれました。「女性一人でも住みよいソウル」というスローガンを掲げて発言する私の動画に、多くの日本の女性たちが感想を残してくれました。「そう、女一人でも暮らしやすい街なら誰にとっても暮らしやすい街」「今まで女性政治家でさえ、女性を誰かの娘、妻、母親以外の個別の市民とは呼んでこなかった」「『女性が輝く社会』より、女性を出産する機械のように扱わず、一市民として尊重してくれる社会に住みたい」「この人が当選したら〈キム・ジヨン問題〉(『82年生まれ、キム・ジヨン』)が解決するのでは?」「私もこういう候補に投票したい!」

そんな反応を目にしたとき、自分は韓国の男性より日本の女性と通じている、似ている、と改めて感じることができました。国境のない東アジアの女性の現実は、二〇二一年三月三十一日に発表された世界経済フォーラム（WEF）の「ジェンダーギャップ指数」（Gender Gap Index）にもそのまま表われています。調査対象の一五六カ国のうち、韓国は一〇二位、日本は一二〇位。経済水準や規模に比べ、両国のジェンダー平等の順位は悲惨なレベルです。

この発表によると、残念ながら新型コロナウイルスのパンデミック（世界的大流行）の影響で、ジェンダーギャップはさらに広がっています。いまのスピードで行くと、ジェンダー公正が達成されるには一三五・六年かかり、特に「経済」分野では二六七・六年を要すると言われています。[*2]

訳註2　「経済」分野では二六七・六年を要する　ジェンダーギャップ指数は「経済」の他にも「政治参加」「教育」「医療へのアクセス」の各分野について、男女格差が解消されるまでの時間を分析している。分野別にみると「政治参加」が一四五・五年。「教育」と「医療へのアクセス」分野は解消しつつあるが、それでも「教育」分野であと一四・二年が必要と予想している

「私が生きているあいだは、〈性別役割分業打破〉〈同一賃金〉って期待できないんだな」

一〇年前の私なら、「ユニコーン系男子」と出会えなかった自分の運命を呪いつつ、それまで通りに生きていたでしょう。もちろん、世界の人口の半分を占める女性のパワーや、家父長制に立ち向かう効果的な方法を知ってしまった今は違います。女性があきらめ、それまで通りに生きようと思うことこそ、男性中心社会の望んでいることです。おとなしく満足させておくわけにはいかないでしょう。韓国の女性と大きく違わない日本の女性も、この公然たる秘法に目覚めてほしいと思います。そうしてこそ、二六七・六年という時間を早めに短縮できるのです。

この一年のあいだに、韓国では「男性への逆差別」を主張する「フェミニスト魔女狩り」がいつにもまして激しくなっています。オンライン上の女性嫌悪を分析する女性研究者の論文が「男性嫌悪」と烙印を押されたり、あるいは、若い女性が使っているオンライン上の流行語が「男性嫌悪」用語とレッテルを貼られたり。経済の悪化や就職難のなか、数を増やしつつある覚醒した女性たちが実質的な競争相手として浮上し、それに脅威を感じる一部の男性が、女性から「被害者」のポジションまで奪おうとしているのです。実際には女性優位など存在しないにもかかわらず、平等に向けた試みさえも遮断し、封鎖しようということでしょう。そうしたバックラッシュについて、スーザン・ファルーディはこう語っています。

（略）反フェミニストによるバックラッシュは、完全なる平等を女性が達成したことによって起こるのではなく、フェミニズムが勝つかもしれないという危惧から発生していることがわかる。先制の一撃、ゴールラインに着く前に叩きつぶせということなのだ。――『バックラッシュ　逆襲される女たち』〔邦訳　伊藤由紀子、加藤真樹子、新潮社〕

そのタイミングで追いやられないために、第二波フェミニズムのフェミニストたちの轍（てつ）を踏まないために、韓国の女性はそれぞれの場所で一生懸命闘っています。この本を読まれている日本の読者の皆さんにも、ぜひ共にあってほしいと思います。女性の連帯は、あなたと私のためのただ一つの解決策です。世界中のどんな女性にも、ひとりで優雅に、安全に暮らせる方法などというものはないのですから。覚えておいてください。私たちには、私たちの失敗を期待する者たちを失望させる義務があるのです。

二〇二一年五月　　キム・ジナ

著者／キム・ジナ
コミュニケーション・ディレクター。時代や社会へ向けたメッセージを広告や空間を通じて発信する。弘益大学視覚デザイン科卒業後、広告代理店に入社。現代自動車、現代カード、バッカスなど大手企業のCMを次々に手がけ、独立後の2013年には大韓民国広告大賞も受賞。フェミニズムに目覚めてからは女性嫌悪を排除した広告作りに邁進する。2016年に発表した化粧品広告でフェムバタイジング（Femvertising、フェミニズムFeminismと広告Advertisingを掛け合わせた造語）の先陣を切った。また「外に飛び出した自分ひとりの部屋」をコンセプトに運営する「ウルフソーシャルクラブ」はソウル有数のフェミニズム空間であり、2019年3月にニューヨーク・タイムズにも紹介された。2021年4月のソウル市長選挙に立候補。本書は著者はじめての著作、発売後3カ月で5刷の話題作。

翻訳／すんみ
早稲田大学大学院文学研究科修了。訳書にはイ・ミンギョン『私たちにはことばが必要だ　フェミニストは黙らない』（共訳）、ユン・ウンジュ『女の子だから、男の子だからをなくす本』ほか多数。

翻訳／小山内園子（おさない・そのこ）
東北大学教育学部卒業。社会福祉士。2007年、社会福祉士として派遣された韓国「ソウル女性の電話」にて、差別や暴力被害に苦しむ韓国の女性たちの現状を知る。訳書にはイ・ミンギョン『私たちにはことばが必要だ　フェミニストは黙らない』（共訳）、カン・ファギル『別の人』ほか多数。

装画／ますだみく
校正／藤村希和

切りとり線

★読者のみなさまにお願い

この本をお読みになって、どんな感想をお持ちでしょうか。祥伝社のホームページから書評をお送りいただけたら、ありがたく存じます。今後の企画の参考にさせていただきます。また、次ページの原稿用紙を切り取り、左記編集部まで郵送していただいても結構です。

お寄せいただいた「100字書評」は、ご了解のうえ新聞・雑誌などを通じて紹介させていただくこともあります。採用の場合は、特製図書カードを差しあげます。

なお、ご記入いただいたお名前、ご住所、ご連絡先等は、書評紹介の事前了解、謝礼のお届け以外の目的で利用することはありません。また、それらの情報を6カ月を超えて保管することもありません。

〒101―8701（お手紙は郵便番号だけで届きます）
祥伝社　書籍出版部　編集長　栗原和子
電話03（3265）1084
祥伝社ブックレビュー　www.shodensha.co.jp/bookreview

◎本書の購買動機

＿＿＿＿新聞の広告を見て	＿＿＿＿誌の広告を見て	＿＿＿＿の書評を見て	＿＿＿＿のWEBを見て	書店で見かけて	知人のすすめで

◎今後、新刊情報等のメール配信を　希望する　・　しない
（配信を希望される方は下欄にアドレスをご記入ください）

@

100字書評

私は自分のパイを求めるだけであって人類を救いにきたわけじゃない

住所

なまえ

年齢

職業

私は自分のパイを求めるだけであって人類を救いにきたわけじゃない

令和３年７月10日　初版第１刷発行

著　者　キム・ジナ 김진아

翻訳者　すんみ、小山内園子

発行者　辻　浩明

発行所　祥伝社

〒101-8701
東京都千代田区神田神保町3-3
☎03(3265)2081(販売部)
☎03(3265)1084(編集部)
☎03(3265)3622(業務部)

ブックデザイン　佐藤亜沙美（サトウサンカイ）

印　刷　堀内印刷

製　本　積信堂

ISBN978-4-396-61760-8 C0095

Printed in Japan

祥伝社のホームページ・www.shodensha.co.jp

好評既刊

Aさんの場合。

やまもとりえ

ジェーン・スーが思わずリツイート！　私ばっかり、何でこんなに我慢してるんだろう……？　生きづらさを感じているすべての女性に贈る、切なく痛快な共感型4コマ漫画

やりたいことがある人は未来食堂に来てください

——「始める」「続ける」「伝える」の最適解を導く方法

小林せかい

東京にある小さな食堂。なぜこの店を手伝うと夢がかなうのか？「日経WOMAN」ウーマン・オブ・ザ・イヤー2017受賞の元エンジニア店主が明かす、「壁」を乗り越える行動と考え方

あなたの会社、その働き方は幸せですか？

上野千鶴子
出口　治明

「女性ももっと自由に生きられるようになったらよい」（上野）。不安な時代に必要な知恵、仕事の武器をどう身につけるのか。日本の問題点と自分の磨き方